云南大学周边外交研究中心智库报告

“N-X”合作机制与早期收获项目：以孟中印缅经济走廊建设为例

“N-X” COOPERATION MECHANISM AND EARLY HARVEST PROJECTS: TAKING THE BCIM ECONOMIC CORRIDOR AS THE CASE

邹春萌　卢光盛　著

社会科学文献出版社
SOCIAL SCIENCES ACADEMIC PRESS (CHINA)

《云南大学周边外交研究中心智库报告》

编委会名单

前　言

1999 年中印缅孟四国学者在昆明举行的第一届“中印缅孟地区经济合作与发展国际研讨会”上通过了《昆明宣言》，开启孟中印缅地区经济合作进程。从 1999 年至 2012 年，四国学者和部分官员轮流在四国举行研讨会（从第三届开始升格为“论坛”）期间中方曾努力把论坛从二轨提升到一轨，试图成立“昆明合作组织”，但都功亏一篑。2013 年 5 月李克强总理在访问印度期间，中印两国提出了共建孟中印缅经济走廊倡议，该倡议得到孟缅二国的积极响应，孟中印缅地区经济合作机制终于上升到政府间的一轨。当年 12 月 18 ~ 19 日，孟中印缅经济走廊联合工作组第一次会议在昆明举行。2014 年 12 月 17 ~ 18 日，孟中印缅经济走廊联合工作组第二次会议在孟加拉国科克斯巴扎尔召开。2015 年 3 月 28 日我国政府公布的“一带一路”愿景与行动计划明确指出，“中巴、孟中印缅两个经济走廊与推进‘一带一路’建设关联紧密，要进一步推动合作，取得更大进展”。但实际情况是，孟中印缅经济走廊建设面临的困难和挑战比预想的要大得多，经济走廊建设的具体项目大多还停留在倡议和早期研究阶段，经济走廊建设总体规划何时能达成并实质推进还是一个未知数。

目前，孟中印缅经济走廊建设已经远远落后于中巴经济走廊的推进，明显不能适应“一带一路”战略的实施步伐。孟中印缅经济走廊建设推进缓慢的一个重要原因是区域内各国之间的政治互信不足。不仅印度和缅甸对我国推进区域合作的目标心存疑虑，缅孟、印孟之间也存在诸多阻碍区域合作发展的问题。尤其是中印关系受到战略竞争以及边界争端等现实问题的制约，印度政府表面上支持孟中印缅经济走廊建设，实际上对与我国的互联互通等领域的合作并不迫切，而且怀疑中国与缅甸、孟加拉国的合作是针对印度。也就是说，在目前的条件下，很难找到一批孟中印缅四国都同意实施并都能受惠的项目。这就意味着如果孟中印缅经济走廊建设的合作机制和合作方式不能创新，短期内很难有实质性的进展。

在此背景下，笔者认为有必要在孟中印缅经济走廊建设中借鉴东盟合作的“N－X”机制。为了加快内部一体化进程，东盟曾采取差异化的政策，规定只要有两个国家愿意、其他成员国不反对的合作项目就可以实施。根据孟中印缅实际情况，本书提出在孟中印缅经济走廊建设中运用“4－X”机制。所谓“4－X”机制，主要是指在孟中印缅次区域4个成员国范围内，基于现实和技术考虑，在平等协商、友好合作和面向未来的基础上，只要有2个或3个成员国同意，而另外的成员国不反对，就可以率先开展双边合作（4－2）或三边合作（4－1），且某些单边项目（4－3）也可纳入该合作框架。即便是单边、双边或三边合作项目，也建议吸纳其他成员国甚至域外国家或机构参与，以求在更小的范围内以灵活的方式开展合作，尽快取得实质性合作成果，并最终促使全部成员参与进来，实现4国共同参与、共同发展的目的。

鉴于早期收获具有投入小、见效快、成果具体等特点，可以将其作为促进孟中印缅经济走廊建设的突破口和试验田，有效减少孟中印缅经济走廊建设所面临的不确定性，增强各国之间深入合作的信心和积极性。本书认为应及早谋划、尽快出手，开展孟中印缅经济早期收获项目。云南作为“一带一路”建设中的重要省份，积极参与孟中印缅经济走廊建设有利于将云南建设成为连接印度洋战略通道、沟通丝绸之路经济带和海上丝绸之路的枢纽，实现和谐周边，成为丝绸之路经济带西南方向的重要支点和经济增长极。2013年孟中印缅经济走廊议题上升为国家级战略后，云南省委、省政府主要领导对此高度重视，并组织省内相关部门开展了一系列前期研究工作，取得了初步的成果。但到目前为止，孟中印缅经济走廊的总体思路及合作项目等主要框架和方案尚未最终确定。近期，孟中印缅经济走廊建设要做什么、能做什么，以及云南可以在其中发挥什么作用等研究还存在较大的欠缺。本书认为开展云南参与孟中印缅经济走廊建设早期收获项目，是云南参与孟中印缅经济走廊和“一带一路”建设的合理且可行的选择。

基于上述背景，本书主要从东盟的“N－X”合作机制及早期收获项目两个视角来研究如何推进孟中印缅经济走廊建设取得实质性成效。全书分为两大部分，第一部分是“‘N－X’合作机制与孟中印缅经济走廊建设”，又分为四个部分。一是“‘N－X’合作机制的内涵、实践及其对孟中印缅经济走廊建设的启示”，主要厘清“N－X”合作机制的概念、特征，分析其在东盟经济合作中的运用成效及对孟中印缅经济走廊建设的启示。二是“孟中印缅经济走廊建设中实施‘4－X’机制的可行性和必要性”，主要探讨了当前进一步推动经济走廊建设面临的主要障碍，分析运用“4－X”机制所具备的基础条件，并阐释了“4－X”合作机制对于进一步推动孟中印缅经济走廊建设的重大意义。三是“孟中印缅经济走廊建设中运用‘4－X’机制开展合作的思路、原则和路径”，主要分析涉及国别、领域和项目三维立体的“4－X”合作机制，运用到孟中印缅经济走廊建设中应坚持的思路、秉承的原则和采取的实现路径。四是“孟中印缅经济走廊建设中‘4－X’机制下的合作领域与项目选择”，主要探讨适用于“4－X”机制的合作领域及对不同领域的具体项目进行筛选。

第二部分是“孟中印缅经济走廊建设早期收获项目及云南的参与”，又分为五个部分。一是“早期收获的相关理论与国际经验”，主要对早期收获的概念与内涵进行了厘清，对当今世界上主要的早期收获的实践案例进行梳理，总结早期收获对孟中印缅经济走廊建设的启示。二是“孟中印缅经济走廊建设实施早期收获项目的有利条件和合作基础”，主要对孟中印缅经济走廊实施早期收获项目的有利条件、合作基础以及制约因素等进行了介绍分析。三是“云南参与孟中印缅经济走廊早期收获的总体思路”，主要分析了云南参与孟中印缅经济走廊早期收获的指导方针、基本原则以及阶段性目标。四是“云南参与孟中印缅经济走廊早期收获的项目设想”，主要分析介绍了孟中印缅经济走廊地区围绕交通、经贸、能源、农业、人文、旅游等领域展开合作的项目设想。五是“云南参与孟中印缅经济走廊建设早期收获项目的对策建议”，主要从国家和云南省两个不同层面对云南参与孟中印缅经济走廊建设早期收获项目提出相应的对策和建议。

目录

Contents

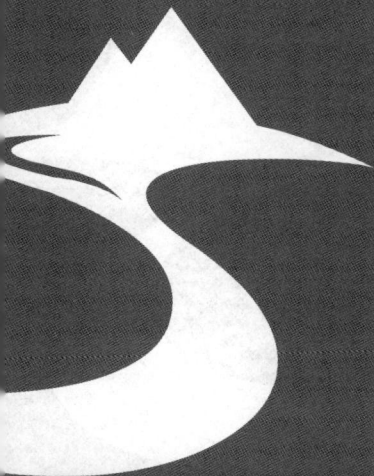

第一部分

“N-X”合作机制与孟中印缅经济走廊建设

一 "N－X"合作机制的内涵、实践及其对孟中印缅经济走廊建设的启示

"N－X"合作机制是对东盟"N－X"原则进行借鉴和外延扩展而衍生出的一个全新政治经济学概念。"N－X"原则是"东盟方式"（ASEAN Way）的重要组成部分。它被解读为："如果少数几个成员国表示将不参加某项决策所规定的具体行动，但又并不反对该项决策，那么该项决策可以作为东盟的集体决定予以通过并付诸实施；甚至在实施过程中，个别成员国也可以根据自身情况申请退出或加入该进程。"① 由于其灵活性和可操作性，"N－X"原则在东盟政治经济一体化建设中发挥了重要的积极作用。

---

① 王士录：《东盟合作机制与合作原则改革的争论及前景》，《东南亚》2007年第2期，第41页。

（一）"N－X"合作机制的内涵

1. "N－X"合作机制的概念界定

虽然东盟内部对"N－X"合作机制已有实践，但学界尚未对"N－X"合作机制有过明确的定义。结合东盟对"N－X"合作机制的运用，本书认为，所谓"N－X"合作机制是指在参与区域或次区域合作的N个成员国范围内，基于现实和技术考虑，在平等协商、友好合作和面向未来的基础上，选择N－X个成员国，率先开展双边或多边合作，而将条件不成熟、不愿意参与的成员国暂时排除在合作项目之外，在更小的范围之内以灵活的方式开展合作，降低因分歧过大导致的时间和机会成本，从易落实的领域和项目着手，率先取得实质性合作成果，形成示范和带动效应，并最终促使全部成员国参与进来，实现区域内各国共同参与、共同发展，不断提高本区域对外综合竞争力。

在"N－X"合作机制中，"N"代表参与区域合作的全部成员国数量，通常应该大于"3"，而"X"是从"0"到"N－2"的变量。但需要指出的是，虽然"N－X"不小于"2"，但"N－X"合作机制下的合作项目既可以是在地理上跨越多国的项目，如修建跨境公路和铁路；也可以是仅在一国范围开展的项目，只要该项目对本区域的合作具有带动和促进作用，其他国家可以单纯的资本或技术投入等方式参与项目合作。例如，在某成员国参与区域合作的省区开展单边的示范园区建设，或为联通某条跨境公路而新建或升级改造一国境内相关路段。在孟中印缅经济走廊建设中对“N－X”合作机制的具体运用，则是选取孟中印缅四国中的1～4个国家开展“4－X”合作。

2. “N－X”合作机制的特征

在东盟“N－X”合作机制下所出现的双边或多边合作，与直接的双边或多边合作相比，主要有整体解构性、目标趋同性和方式灵活性三个特点。

首先，整体解构性意即“N－X”合作模式是在N方合作的大框架之下，再根据合作取向选取小范围参与方。东盟“N－X”原则的产生和实践，根本上植根于东盟这个总的合作机制。即决策或行动的发起点从整个东盟一致转移到双边或多边共识，形式上是一个从整体到局部、由多到少的解构过程，反映了东盟各国因难以克服各成员国利益矛盾和发展竞争在无法达成全体一致的情况下，为进一步增强对外竞争力和话语权的现实需要。菲律宾前总统拉莫斯曾指出：“增长三角之所以能够被接受，是因为它能很好地控制地区合作，经济发展的负效应可以被控制在三角区域内，正效益则可以惠及到整个经济联合体。这种方式，可以在不过度丧失经济主权的前提下发挥区域组合的效应。”① 可见，通过整体解构，采用“N－X”合作模式可以减少开展整体合作的阻力，形成正面激励效应。

其次，目标趋同性指所有以“N－X”模式开展的合作项目具有促进整个区域或次区域合作的共同目标。“N－X”合作项目的“X”方对其不参与的合作项目“不赞成但不反对”也是开展合作的前提之一。从东盟的实践来看，双边或多边的合作得到了其他未参与成员国的“默许”，这实际上反映出了他们追寻发展壮大东盟这一共同的最高目标。从这个角度看，“N－X”原则也是逐步实现东盟一体化的选择路径。因此，进行整体解构后的“N－X”合作模式由于其目标趋同性，将会促进整个区域或次区域合作。

最后，方式灵活性体现在“X”数值的可变性。在“N－X”原则下，东盟允许成员国在决策实施过程中的自由进出，与国际机制建立后对国家行为形成的强约束相比，体现出极大的灵活性和包容性。虽然这是东盟国家之间具有的地缘相近、文化相亲、历史政治经历相似等众多共同点给予了各成员国动力和自信，但这种松散的、协商的、渐进的、动态的均衡调试过程，既是实现各成员国国别利益，又是维护“东盟”

---

① 转引自卢光盛《地区主义与东盟经济合作》，上海辞书出版社，2008，第101～102页。

这一大厦的基石不断稳固的正确选择。在“N－X”合作模式下，可以是双边合作，也可以是三边及以上的多边合作，完全取决于参与方的意愿和项目可实施的条件成熟度。此外，具体项目实施过程中产生的外溢效应可能激发其他成员国的参与兴趣。在条件许可的情况下，随着新的国家的参与，“X”的数值可能出现变化。

实际上，“N－X”合作机制可以被视为一种“建构—解构—建构”的合作机制。这种兼具整体解构性、目标趋同性和方式灵活性的合作机制对推动区域合作，尤其是次区域合作的发展具有很大的可操作性和借鉴意义。

（二）“N－X”合作机制在东盟经济合作中的运用

“N－X”合作模式在东盟经济合作中已被多次运用。自20世纪90年代初开始，东盟成员国就以“N－X”合作模式开展内部次区域合作，先后启动了东盟南增长三角、东盟北增长三角和东部增长区建设。在相关国家政府的相互配合及内外部力量的共同参与下，这些“N－X”合作取得了较好的成效。

1. 东盟南增长三角

东盟南增长三角由新加坡时任总理吴作栋提出，1990年正式建立，是东盟对“N－X”合作机制的首次尝试。当时的东盟有文莱、印度尼西亚（印尼）、马来西亚、菲律宾、泰国和新加坡6个成员国，东盟南增长三角包括新加坡、马来西亚和印尼3个国家，是东盟内部的“6－3”合作模式。该增长三角最初只包括新加坡、马来西亚柔佛州和印尼廖内群岛，因此又被称为“新柔廖增长三角”（Singapore－Johor－Riau Growth Triangle，SIJORI）。1996年和1997年，马来西亚南部的马六甲、森美兰、彭亨和印尼的西苏门答腊、南苏门答腊、占碑、明古鲁、西加里曼丹等省相继加入东盟南增长三角。东盟南增长三角利用新加坡雄厚的资金和先进的生产技术，结合马来西亚柔佛州和印尼廖内省的丰富自然资源和劳动力，发展非常迅速，是东盟次区域经济合作中较为成功的范例。

巴淡工业园是东盟南增长三角发展成就中的重要一笔。位于印尼廖内群岛的巴淡距离新加坡仅20公里，是马六甲海峡国际航线的要塞。巴淡工业园由新加坡科技工业集团（占股份30%）、裕廊环境工程公司（占股份10%）与印尼三林集团（占股份60%）三家注资的巴印投资公司所有。[①] 新加坡不仅提供资金，还将裕廊岛工业园的“筑巢引凤”的发展经验在巴淡工业园加以运用，先期完善工业园的基础设施，并为投

---

① 姜芳芳：《从巴淡工业园看南东盟成长三角的园区模式》，新华网，http：//www.xinhuanet.com/chinanews/2007－05/29/content_10147923.htm。

资者提供周到的工人招收培训和投资申请代办等服务；印尼政府则为入驻工业园的企业提供税收和关税优惠政策，并最终将巴淡设为免税港。由于出色的规划和管理，巴淡工业园成为亚太首个通过 ISO 9001：2000 和 ISO 14001 认证的工业园，吸引了西门子、飞利浦等知名企业入驻。巴淡工业园区的成功对当地经济形成了极大的带动效应，其他国家也纷纷到巴淡投资或兴建工业园，我国的三一重工也于 2015 年 9 月在巴淡建立了“三一亚太物流中心”。巴淡岛能从 20 世纪 90 年代的小渔村发展为如今人口上百万的出口导向型国际化工业港口，东盟南增长三角的巴淡工业园功不可没。

2. 东盟北增长三角

在东盟南增长三角初步成功的鼓舞下，1992 年的东盟首脑会议上，印尼、马来西亚和泰国提出了再建立一个次区域经济合作圈的构想。1993 年，印尼、马来西亚和泰国召开三国部长级会议，正式决定建立东盟北增长三角，又称印马泰增长三角（Indonesia - Malaysia - Thailand - Growth Triangle，IMT - GT）。北增长三角最初包括印尼的亚齐、北苏门答腊 2 个省，马来西亚的吉打、玻璃市、槟榔屿和霹雳 4 个州，以及泰国的那拉提瓦（又名陶公）、北大年、宋卡、沙敦和也拉 5 个府。目前北增长三角的面积已经扩大，包括印尼的 10 个省（亚齐、北苏门答腊、邦加 - 勿里洞群岛、明古鲁、占碑、楠榜、廖内、廖内群岛[①]、南苏门答腊和西苏门答腊），马来西亚的 8 个州（吉打、吉兰丹、马六甲、森美兰、槟榔屿、霹雳、玻璃市和雪兰莪）以及泰国的 14 个府（甲米、洛坤、那拉提瓦、北大年、博他伦、沙敦、宋卡、也拉、董里、春蓬、拉廊、素叻他、攀牙和普吉）。东盟北增长三角的总目标是发挥域内经济互补优势，发展私营经济，降低运输成本和交易成本，实现共同发展。

印马泰增长三角在农业、旅游业、制造业、人力资源等多个领域具有一定的互补性。泰国和马来西亚间的公路和铁路运输以及印尼和马来西亚、泰国之间的航运使该地区具备较好的连通性。私营部门是东盟北增长三角中的重要参与者，它从一开始就作为平等的合作方参与其中。该增长三角的合作领域主要包括旅游、投资和贸易、农业和渔业、服务业、基础设施以及人力资源开发等。具体的合作项目包括鼓励私营企业在增长区内投资设厂、增加电力供应、开辟新航线。由于作为北增长三角领头羊的马来西亚在资金、技术方面的优势并不明显，带动力不强，而印尼和泰国所涉及的地区基础设施又非常落后，且泰南地区长期存在严重的民族问题，该增长三角所取得的成效不如东盟南增长三角。

3. 东盟东部增长区

东盟东部增长区（East ASEAN Growth Area，EAGA）由菲

① 廖内群岛省设立于 2004 年 7 月，此前属于廖内省。

律宾提出，1994 年 3 月正式成立，包含马来西亚东部的沙捞越州、沙巴州和纳闽岛，印尼东部的加里曼丹、苏拉威西、伊里安查亚和马鲁古群岛，菲律宾南部的棉兰老岛和巴拉望岛，以及整个文莱。除文莱外，东部增长区其他地区均为印尼、马来西亚和菲律宾的偏远和不发达地区。东部增长区的发展目标是通过便利人员、货物和服务的自由流通，充分利用基础设施和自然资源，最大限度发挥经济互补性等途径来促进增长区内的贸易和投资，发展次区域内的旅游业，从而推动参与国欠发达地区的经济和社会发展。

东盟东部增长区的成立促进了区域内国家相关地区在农业及食品安全保障、旅游业、交通运输、电信、能源等领域的合作，其中在交通运输领域的合作成效最为明显。2007 年以来，三国交通部部长签署了多项海、陆、空运输协议，以促进互联互通。根据 2007 年 4 月三国签署的《增加航线的谅解备忘录》（MOUon Expansion of Air Linkages）规定，国际机场相互开放第 5 航权。① 2013 年以来，马来西亚之翼航空公司又先后开辟了亚庇（Kota Kinabalu）和古晋（Kuching）到印尼巴里巴板（Balikpapan）的航班。随着硬件和软件环境的日益改善，东部增长区四国间的互联互通水平不断提升，有效地促进了人员

① 第 5 航权即“市场准入权”，授权国允许承运的定期国际航班在授权国下载来自第三国的客、货，或从授权国装载客、货飞往第三国。

和物资在本地区的便捷流动。

（三）"N－X"合作机制对东盟经济合作的推动

"N－X"合作机制是东盟开展内部次区域合作的一个重要成功经验，是东盟国家无法达成全体一致的情况下进行部分合作的有益尝试。东盟的经验表明，以增长三角为模式的次区域合作能够并已成为有关区域经济合作的重要补充和经济增长的催化剂。[①] 事实上，"N－X"合作机制不仅带动了东盟成员国间的经济合作，还在一定程度上促进了东盟的一体化。

1. 调动成员国的合作积极性

因差异性极大，东盟十国在制订计划时要取得共识很困难，进而使整个发展进程陷入僵局。[②] 这种合作困境在东盟还只有6个成员国时就存在。1976年巴厘非正式首脑会议之后，东盟开始加强经济合作，先后推出"特惠贸易计划"和"工业合作计划"，但是大多数东盟国家以本国利益为重，一旦其和整体利益发生冲突，就拒绝做出让步。对此，东盟往往通过

① 廖少廉：《东盟"增长三角"的发展历程对泛北部湾区域经济合作的启示》，《东南亚纵横》2007年第12期，第11页。

② 张蕴岭：《在理想与现实之间——我对东亚合作的研究、参与和思考》，中国社会科学出版社，2015，第66页。

修改计划来达成妥协，制订的计划缺乏约束力，结果使这些经济计划流于形式，难以取得实质性进展。[①] 在整体合作进展缓慢的情况下，东盟部分成员国在东盟区域经济合作框架之下以“N－X”模式进行了有益的次区域经济合作尝试。

“N－X”合作机制作为对整体合作模式的补充，是东盟经济合作的一种重要形式，为东盟的经济合作提供了新的模式选择，为相关国家的经济发展注入了新的活力。在“N－X”合作机制下，由于参与国不多，利益冲突相对较少，相关国家间更容易达成一致。东盟南增长三角一经新加坡提出就得到了印尼和马来西亚的积极回应。同时，由于合作的区域范围相对较小，更有利于充分发挥邻近地区的经济互补性，有关地区政府和私营部门的合作积极性也更容易被调动。

2. 改善了成员国经贸投资环境

东盟国家开展“N－X”合作的一个重要目标就是通过各参与国政府的经济合作与协调，促进生产要素在区域内的自由流动，共同改善投资环境，从而吸引外资、促进经贸发展。

亚洲开发银行认为，增长三角是众多亚洲国家之间开展地

---

① 陈寒溪：《“东盟方式”与东盟地区一体化》，《当代亚太》2002年第12期，第49～50页。

区合作的好形式，它们更多的是建立在出口导向而非贸易集团的基础之上，可以更好地维护本地区的出口竞争力。[①] 在"N－X"合作机制下，相关各国的经贸关系不断密切，贸易额及吸引外资额持续增长。1995～2003 年，北增长三角共吸收外资 240.58 亿美元，占同期流入印尼、马来西亚和泰国三国外资总和的 37.72％。[②] 东盟东部增长区的贸易额从 2009 年的 1000 亿美元增加到 2011 年的 1700 亿美元，两年间增长了 70％。其中，东部增长区内部贸易增长了 25％。外国对东部增长区参与国的直接投资从 2009 年的 240 亿美元增加到 2011 年的 550 亿美元。[③] 由于增长三角并不排斥非成员国参与本地区的发展，还积极欢迎外部资金的投资，因此所吸引的外资既有本区域内其他国家的资金，也有区域外的资金。印尼、马来西亚和泰国均是 1997 年金融危机的重灾国，外商大量撤资，在印尼还出现了持续的撤资。但在北增长三角，外商却持续投资。

---

① *Joint StatementNinth BRUNEI DARUSSALAM – INDONESIA – MALAYSIA – PHILIPPINES East ASEAN Growth Area Summit*, 25 April 2013，东盟秘书处网，http：//www. asean. org/news/asean – statement – communiques/item/。

② 李皖南：《北增长三角：东盟次区域合作的有益尝试》，《中国东盟博览》2007 年第 10 期，第 60 页。

③ 数据来源，*JOINT STATEMENTNINTH BRUNEI DARUSSALAM – INDONESIA – MALAYSIA – PHILIPPINES EAST ASEAN GROWTH AREA SUMMI*, 25 April 2013，http：//www. asean. org/news/asean – statement – communiques/item/。

3. 促进了东盟一体化进程

东盟的“N－X”合作有着多重作用，除了利用比较优势和分工体系来发挥规模效应和外溢效应，还包括培育成员国的协作精神，提高东盟的整体实力，提升在国际事务中的话语权。在此过程中，东盟逐渐走向一体化。

以增长三角为主要表现形式的“N－X”合作机制致力于有限的、灵活的和本地化的经济整合，建立起有真实成效的“经济友邻”。在“N－X”模式下的东盟内部次区域合作带动下，东盟成员国之间的政治、经济、文化等各方面的联系越来越紧密。通过渐进的合作进程，成员国逐步培养了合作精神，构建了“共享文化”（shared culture）和“共享利益”（shared interests）的基础。[①] 随着共同利益的增加，东盟提出了在国际事务上用同一个声音说话，发出了“同一个共同体、同一个命运”的倡议，构建包括经济共同体、政治共同体和安全共同体的东盟共同体。外部普遍认为，东盟经济共同体的建设比政治和安全共同体要成功。2015 年 11 月，第 27 届东盟峰会发表联合声明，宣布东盟共同体建成。[②] 2015 年 12 月 31 日，东

---

① 张蕴岭：《在理想与现实之间——我对东亚合作的研究、参与和思考》，中国社会科学出版社，2015，第 63 页。

② 张春晓、赵博超：《东盟宣布年底正式建成东盟共同体》，新华网，http：//news. xinhuanet. com/2015－11/22/c_ 1117221939. htm。

盟共同体正式启动。未来，东盟将在地区和全球事务中发挥更大的作用和影响力。

（四）“N－X”合作机制对孟中印缅经济走廊建设的启示

1. 政治互信和共同利益需求是重要前提

由于涉及人员和物资跨境流动、利益共享和分配、各国先期投入和配套的支持政策等方方面面，跨境次区域合作需要各相关国家和地区的一致认可和相互配合。从东盟南增长三角、东盟北增长三角以及东部增长区三个“N－X”合作的实践来看，政治互信和共同利益需求是必不可少的重要前提。这三个次区域合作提出之时，各参与国都已是东盟成员国，虽然有的国家间历史上曾有过恩怨，但彼时已经进入同一个利益集团内，政治互信度较高。同时，这些次区域合作是普惠的，对各参与国都有利，而不是让各国的综合国力此消彼长。此外，各国都面临各自的发展困境，希望通过参与次区域合作，促进自身更好、更快的发展。因此，这三个“N－X”合作都是相关国家共同提出或者由一国提出并得到其他国家积极响应的。

孟中印缅经济走廊也是建立在四国共识基础之上，为共同利益和目标而构建的经济合作机制。孟中印缅经济走廊作为一个跨境走廊，其建设在一定程度上也存在着主权和事权让渡的现象。但作为国家的核心利益，主权的让渡是十分敏感和困难的，尤为需要以国家间友好的政治关系和高度的相互信任为保障。因此，孟中印缅经济走廊建设的切实推进首先要求相关各方的政治互信达到一定程度，能突破传统安全观念的阻碍。同时，孟中印缅经济走廊必须建立在共同利益基础之上。共同利益与各国参与的意愿及积极性是成正比的，共同利益越多，各参与国对合作的积极性和主动性就越大。只有在追求本国利益的同时兼顾他国的合理关切，在谋求本国发展的过程中促进各国共同发展，积极构建相互舒适的战略伙伴关系，共同打造地区利益共同体和命运共同体，才能使孟中印缅经济走廊建设取得更多的实质性进展。

2. 经济互补性是必要条件

开展次区域经济合作的动力源于它有利于弥补彼此在资金、技术、人力或资源上的不足，并释放彼此的比较优势，甚至在次区域成员之间建立共同市场，增强在区域之外的整体竞争力。经济互补性越强，通过次区域内部的分工可释放的比较优势空间就越多，可激发的合作潜能就越大。

在东盟南增长三角中，新加坡经历了 20 世纪 60～80 年代的高速经济发展，积累了大量资本和先进的管理经验，但其国土面积小，自然资源和劳动力不足。随着劳动力工资成本的提高，企业面临的国际竞争压力增大，它开始寻求将劳动密集型的产业转移到周边地区来降低成本。当时，美国取消了新加坡的最惠国待遇，若将部分企业转移到邻近的柔佛州和廖内群岛，新加坡则可继续享受美国的最惠国待遇。此外，新加坡长期依赖柔佛州的淡水供给，也希望通过该次区域合作得到更多马来西亚和印尼的淡水资源。而印尼的廖内和马来西亚柔佛则有相对丰富的土地资源和廉价劳动力，亟须发展的资金和技术，同时也能通过次区域地区合作得到管理经验、通信网络和金融服务系统等方面的帮助，对本国其他地区形成外溢效应。东盟北增长三角也同样具有较强的互补性。印尼的北苏门答腊和亚齐特区有石油和天然气资源，可出口原油、成品油和液化天然气，这些是马来西亚北部和泰国南部所缺乏的。印尼北苏门答腊有大量的廉价劳动力，而马来西亚北部和泰国南部缺乏劳动力。槟榔屿州的工业比较发达，生产技术比较高，是马来西亚经济最发达的州之一，这是印尼北苏门答腊岛和泰国南部所不及的。[①] 相比而言，在东盟三个次区域合作中，南增长三角的经济互补性更好，其发展也更好；北增长三角和东部增长区各参与国的经济互补性较差，进展相对也较为缓慢。东盟东增长区除文莱以外的其他地区发展水平都不高，互补性不强。

① 李皖南：《北增长三角：东盟次区域合作的有益尝试》，《中国东盟博览》2007 年第 10 期，第 59 页。

此外，即使是在新廖柔增长三角中，马来西亚与印尼的经济交往则少得多，柔佛、廖内这边是三角中最弱的一边。因为两者的经济互补性较差，都是仰仗吸引新加坡投资来发展本区域经济。[①] 不可否认，柔佛和廖内彼此间还存在一定的竞争关系，但从整个东盟南增长三角来看，它们的经济互补性要远大于竞争性。

孟中印缅四国资源禀赋各异，产业结构层次不同，经济发展水平存在较大的差异性，经济互补性很大。孟中印缅经济走廊建设需要深入发掘各国经济发展的异同点，从各国的经济互补性着手，发挥各自的产业优势，取长补短，互通有无，激发合作潜能，实现合作共赢。

3. 完善的机制和配套政策是重要支撑

跨境次区域合作启动后，如何确立长期和阶段性目标？选取哪些领域作为重点合作领域？具体项目能否得到有效落实？推进过程中遇到的问题如何协调解决？这些问题都事关次区域合作能否顺利开展，也都离不开完善的合作机制和相应的配套支撑政策。

东盟的“N－X”合作组织架构较为完善。在东盟北增长三角下，领导人峰会作为最高决策机制，负责制定印马泰增长

① 孙雪岩：《阻碍东盟“增长三角区”发展的因素及对我国的启示——以马来西亚为个案》，《当代旅游》2013年第8期，第1页。

三角的重大目标及基本方向；部长会议负责讨论需要领导人峰会研究的高层政策及落实合作过程中出现的相关问题；高官会作为协调机制，负责准备并向部长会议递交合作进展情况报告；工作组根据各自职责，协调具体政策的落实；国家秘书处负责协调各国公共部门参加增长三角的活动以及协调其他机构的活动；联合商务理事会增进私营部门在增长三角中的联系，并鼓励其积极参与次区域的合作；省/州长论坛负责协调在各自管辖区内的项目落实。[①] 东盟南增长三角的组织议事机构包括部长级会议、高官会议、工作组和工商理事会，辅助不同层面的具体协调。东盟东部增长区合作机制也设立了领导人峰会、部长会议和高官会议。同时，还设有增长区促进中心，作为高官会议和部长级会议的秘书处，负责协调和促进次区域四国政府部门涉及增长区的合作活动，促进中心下设工作组。增长区还成立了民间机构——增长区商务理事会（BIMP—EAGA Business Council），作为第五方参加增长区各项计划的制订和实施。增长区四国还分别设立国家秘书处（National Secretariats），作为增长区促进中心在四国内的对应部门，为各自国家内相关项目和活动进行协调和促进。[②] 为促进巴淡工业园的发

① IMT－GT and ADB, *Building A Dynamic Future*: *A Roadmap For Development* (2007－2011), pp. 32－35.

② 参见《东盟东部增长区简况》，商务部，http://www.mofcom.gov.cn/aarticle/i/dxfw/cj/200712/20071205308283.html。

展，新加坡和印尼都推行了一系列的政策。新加坡经济发展局制订了“本地企业资助计划（海外）”，鼓励私人企业到巴淡投资，并在贷款等方面提供优惠。印尼政府则在巴淡工业园推行保税区政策，进出口关税全部豁免，免征奢侈品税等多种赋税；外资企业在投资的前10年中如将80%的产品外销，即可拥有100%的股权；外商对投资的基础设施拥有50年的建筑权，期满后可继续申请等。①

孟中印缅经济走廊建设尚处于起步阶段，合作机制还未成型，配套政策也处于缺位状态，相关方必须要联手打造有利于经济走廊建设和发挥应有作用的合作机制和政策支撑体系。只有完善的合作机制加上相应的配套政策才能调动更多域内可利用资源，吸引更多外部资源流入，确保经济走廊建设高效推进，发挥其对沿线地区的辐射带动作用。

4. 互联互通是重要保障

互联互通，尤其是交通基础设施的对接以及人员、物资的跨境流通便利化，是“N－X”合作顺利推进的重要保障。基础设施上的互联互通有助于降低区内以及与区外各类商务往来的交易成本。而交易成本的降低又会反过来促进这些地区间的

① 参见姜芳芳《从巴淡工业园看南东盟成长三角的园区模式》，新华网，http://www.xinhuanet.com/chinanews/2007－05/29/content_10147923.htm。

互利互惠商业活动。

东盟内部的三个“N－X”合作模式都非常重视基础设施的互联互通，通过基础设施互联互通使地理上的毗邻转变为经济和人文上的密切联系。在东盟南增长三角中，印尼廖内巴淡岛距离新加坡仅20公里，柔佛与新加坡只隔着2公里的海峡，中间有新柔长堤相连。东盟北增长三角中所囊括的马来西亚4州与泰国南部5府接壤，而印尼的亚齐和北苏门答腊与它们仅隔着马六甲海峡。这些城市之间原本就已经通过跨境公路或者国际航线联系在一起。同时，东盟“N－X”合作又将提升基础设施互联互通水平作为一个重要合作领域。除了改善基础设施的“硬件”互联互通之外，相关国家还在跨境贸易与交通运输便利化等方面做了大量工作，包括签署与贸易和运输相关的文件的相互承认、跨境通关的自动化、实施单一窗口等，不断改善“软件”互联互通。

因此，在孟中印缅经济走廊建设中，也应将基础设施互联互通和跨境人员与货物的便捷流通作为重点合作领域，积极消除互联互通中存在的各种障碍和壁垒。只有软硬件都达到一定程度的互联互通水平，孟中印缅区域内的各种生产要素才能实现自由流通和更好地分配与利用，才能带动走廊沿线及辐射区的经济发展和人文交流，才能实现建设经济走廊的初衷。

5. 外部合作伙伴是重要补充

“N－X”合作机制并非排外的合作机制，而是开放性的、包容性的合作机制。在经济全球化的时代，外部力量的适当参与实际上有助于“N－X”合作的长远发展。在次区域中，作为合作重点的基础设施项目的融资通常要比国家项目更难。除大型基础设施项目融资的投资大、周期长等常见挑战外，以政府财政建设次区域基础设施项目需要两个或两个以上的国家相互支持配合，过程更加复杂。从这个角度来看，在“N－X”合作机制下获取外部渠道的资金补充显得尤为重要。

“N－X”合作机制下的东盟增长三角和增长区采取开放的地区主义政策。东盟南增长三角的相对成功很大程度上也得益于其高度的对外开放性。对于部分参与合作的地区来说，开展贸易自由化的效果比较有限，因为区域内贸易比例一般相对较低。相反，他们与发达国家和亚洲新型工业化经济体的贸易比例要比区域内的贸易比例高得多，因为增加区域内贸易的效果并不明显。东盟的增长三角在扩大与本区域的成员间合作的同时，十分重视与区域外经济体和跨国公司的合作，寻求资金和技术上的支持。他们的经验表明，诸如亚洲开发银行等国际金融机构能够在次区域合作中起协调和提供许多便利的作用，其中包括技术和金融的支持，帮助说服和调动其他国家和组织的参与。[①] 在东盟的三个“N－X”次区域合作机制中，亚洲开发银行为北增长三角和东部增长区提供资金和技术支持。亚洲开发银行从北增长三角启动就开始参与其建设，并在2007年成为其开发合作伙伴，2014年双方签署了新的合作谅解备忘录。亚洲开发银行在资金、技术、项目规划和论证、推动对话和交流等方面做了大量工作。东盟东部增长区除了积极与亚行开展合作外，还积极寻找国际合作伙伴。2004年，澳大利亚北领地政府成为东盟东部增长区第一个发展伙伴。2005年，中国受邀成为东盟东部增长区发展伙伴。这些外部力量不仅为东盟“N－X”合作机制带来了资金和技术，还有更大的外部合作空间。

在孟中印缅四国中，中印两国的经济总量颇为可观，但考虑到孟中印缅经济走廊并非两国唯一的区域合作项目，他们对经济走廊的人力、物力和财力投资也是有限的。孟缅两国经济发展较为落后，可调动的财力和技术资源不容乐观。因此，在孟中印缅经济走廊建设中，也非常有必要在合适的项目中引入和充分利用积极的外部力量和资源。从外部融资渠道来看，争取世界银行、亚洲开发银行、亚洲基础设施投资银行和丝路基金的资金投入是不错的选择。

---

① 廖少廉：《东盟“增长三角”的发展历程对泛北部湾经济合作的启示》，《东南亚纵横》2007年第12期，第13页。

6. 私营部门是重要参与力量

私营部门是当今世界经济和社会活动中一支不可忽视的力量，在政府无法或无力管理的领域，发挥着越来越大的作用。东盟的三个“N－X”合作机制都倾力开展公私合作，将私营部门作为重要补充力量。实践证明，私营部门在东盟增长三角的发展中也发挥了重要的促进作用。

东盟南增长三角中的新加坡、印尼和马来西亚在 1994 年签署了备忘录，规定新廖柔三角区的发展主要由私人企业及市场导向推动，私人部门是促进三角区发展的主体，政府部门只起协作与辅助作用。① 在北部增长三角中，私营部门从一开始就作为平等的合作伙伴参与其中。东部增长区以市场为先导，鼓励私人部门的广泛参与。私营部门被视作区域发展的主要推动力，政府的作用就是要为私人部门活动提供指导，为私营部门创造一个良好的经济发展环境，通过优惠政策直接鼓励跨境私人部门之间的贸易和投资。在东增长区成立的同时，成立了专门为私营部门服务的商务理事会。其主要任务就是对私营部门提出的各种项目进行论证并指导实施。允许和鼓励小中型企业参与其中，这有利于增强该增长三角区内

---

① 孙雪岩：《阻碍东盟“增长三角区”发展的因素及对我国的启示——以马来西亚为个案》，《当代旅游》2013 年第 8 期，第 1 页。

各国人民之间的直接联系与交往，带动广泛的社会经济交流和多种类型的合作。

孟中印缅经济走廊虽然是由政府倡议和推动的，但私营部门的力量不容忽视。鼓励私营部门广泛参与非常重要，尤其是政府不宜过多干预的市场化项目。从通道走廊上升为经济走廊，发展沿线经济是一项重要内容，而私营经济是沿线经济的重要组成部分。孟中印缅四国应积极引入私营力量，充分发挥私营部门在经济走廊建设中的重要作用，通过开展公私合作，实现公私共赢。

二 孟中印缅经济走廊建设实施“4 - X”合作机制的可行性与必要性

2013 年 5 月，李克强总理在访问印度期间与印度时任总理辛格倡议共建孟中印缅经济走廊。该倡议得到孟加拉国和缅甸政府的热烈响应。四国为推动孟中印缅经济走廊建设采取了积极行动，并取得了一定成效。但总的来看，孟中印缅经济走廊取得的成效更多是象征意义上的，其遭遇的困难和面临的障碍比预期的要多。鉴于孟中印缅经济走廊建设是一个复杂、长期的过程，整体推进难度较大，在孟中印缅四国政治经济合作不断深入，且采取对外务实合作的基础上，借鉴并运用“4 - X”合作机制已成为推动孟中印缅经济走廊建设的有效途径。

（一） 整体推动孟中印缅经济走廊建设面临的主要障碍

不可否认，孟中印缅经济走廊自提出以来取得了积极成效。同样不可忽视的是，其建设进程并不顺利，实质性进展缓慢。我们需要共同面对的事实是，孟中印缅经济走廊建设面临各国政治互信有待加强、合作制度不健全、相关国家内政形成阻碍、交通基础设施联通不畅、地方政府能力和权限不足、实质性进展缓慢影响了参与积极性等一系列客观或主观因素的制约。

1. 政治互信不足

孟中印缅经济走廊建设推进缓慢的一个重要原因是区域内的政治互信不足。孟中印缅经济走廊的建设在一定程度上存在着主权让渡的现象，但作为国家的核心利益，主权的让渡是十分敏感和困难的，需要以国家间友好的政治关系和高度的相互信任为保障。由于对中国信任不足，印度和缅甸对中国在孟中印缅次区域内推进经济走廊建设并不十分积极，虽然表面上表示给予原则支持，但实际行动上非常被动。

印度和缅甸对中国倡导孟中印缅经济走廊建设的用意心有疑虑。同为地区大国，中印之间存在战略竞争以及边界问题，印度对华心态复杂且敏感。近年来中印两国关系虽有所改善，但历史积怨、边界纠纷在很大程度上也妨碍着两国经济、贸易、人文交往的全面推进。作为亚太地区正在崛起的地区性大国，印度的“东进战略”在很大程度上就是为了对中国进行“软制衡”。如在中国的印度洋战略上，印度存在着“门罗主义”色彩。[①] 印度将南亚次大陆和印度洋地区作为自己的势力范围，排斥中国进入该地区。印度还对中国在缅甸修建深水港疑虑重重，认为这有可能成为中国海军在印度洋的潜在后勤补给线，中国试图通过缅甸在印度洋、孟加拉湾获得更稳固的立足点，这将对印度海军构成威胁。[②] 虽然孟中印缅经济走廊是中印共同倡导的，但接替辛格的印度现任总理莫迪并未在公开场合明确表示印度会积极参与孟中印缅经济走廊建设。

从中国方面观察，缅甸是构建经济走廊的第一站，从孟印的角度来看，缅甸是走廊的中间站。因此，缅甸在建设经济走廊中居特殊的位置。[③] 客观而言，中国倡导建设孟中印缅经济走廊的目标除了加强中国与西南邻国的合作之外，更重要的是通过联通中国西南与印度洋来提升中国对印度洋地区的开放程度，最终使中国从“一洋国家”变为“两洋国家”。因此，缅甸对于孟中印缅经济走廊的建设至关重要，缅甸的态度是经济走廊建设的关键。虽然中缅互称胞波，但缅甸实际上对中国有防范心理。自开始政治经济转型以来，缅甸日益被国际社会所

---

① 李忠林：《印度的门罗主义评析》，《亚非纵横》2013 年第 4 期。

② 彭念：《中印缅孟经济走廊，如何对接?》，《南风窗》2015 年第 9 期，http：//www.nfcmag.com/article/5537.html。

③ 《周边环境与孟中印缅经济走廊建设——第二届“中国－南亚智库论坛”高端访谈》，《东南亚南亚研究》2014 年第 3 期，第 2 页。

接纳，西方国家也纷纷解除或放松对缅制裁。在有更多外部资源可供选择的情况下，缅甸不再需要过于依赖与中国的合作，其平衡外交更加明显。

政治互信问题并非只存在于中国与印缅之间。虽然孟加拉国对建设孟中印缅经济走廊一直持较为积极的态度，但孟加拉国与印度在很多问题上存在分歧，对于孟加拉国来说，不包括印度的孟中缅经济走廊也是可以接受的选项。[①] 跨境经济走廊建设和国际区域合作一样，是一个长期的过程，除了获得收益之外，还需要各国进行投入和付出。实际上，在短期内，付出往往要大于受益。在此情况下，参与各国之间的互信显得更为重要。因此，政治互信问题已经成为孟中印缅经济走廊建设实质性进展的瓶颈。

2. 合作制度化水平低

自 2013 年 5 月提出共建孟中印缅经济走廊之后，孟中印缅四国政府至今并未就经济走廊建设签署正式的相关协议或文件。换言之，孟中印缅经济走廊的制度化水平非常低。现有的四国政府间工作组会议只是一个重要的政府层面对话平台。在尚未形成正式机制前，经济走廊的建设很容易受到国家间关系

① 刘鹏：《孟中印缅次区域合作的国际机制建设》，《南亚研究》2014 年第 4 期，第 53 页。

波动的影响，四国政府随时可能放弃对四方会谈的支持。在2013年12月召开的孟中印缅工作组会议中，印度甚至对“工作组会议”的提法存在异议。在低制度化的合作机制下，各国的责任和义务都不明确，非常容易造成议而不决。只有促使合作制度化程度提高，对各方的行为形成约束力，孟中印缅经济走廊建设才会走上正轨。

与此同时，除孟中印缅经济走廊之外，本地区当前还存在南亚区域合作联盟、大湄公河次区域经济合作、环孟加拉湾多领域经济技术合作组织、湄公河－恒河合作等多种其他国际合作机制，孟中印缅各国在不同程度上参与了其中一个或多个合作机制。这些合作机制与孟中印缅经济走廊一样，都致力于通过加强区域合作来促进共同发展。它们不仅在时间上已经抢占了先机，有的还形成了较为完备的合作制度和较为成熟的合作模式，与国际组织建立了良好的合作关系，并且取得了较好的成效。譬如，亚洲开发银行倡导下的大湄公河次区域合作就被赞誉为“南南合作”的典范。在此情况下，孟中印缅经济走廊要另起炉灶，除必须形成完备的合作机制之外，同时还需别具特色，才能在众多合作机制中崭露头角，为吸引成员国的参与须给予政策和资源上的倾斜。

3. 孟印缅国内政治的制约

孟中印缅四国内部的一些问题必然也会对经济走廊的发展

造成一些负面的影响。[①] 其中最为突出的就是孟印缅的国内政治局势。在孟印缅国内政治局势复杂的背景下，经济走廊的建设备受掣肘。

印度和缅甸都存在复杂的中央与地方关系和民族宗教问题。印度是一个民族众多的国家，民族问题一直是困扰印度政府的重大问题，印度的民族问题集中在东北部、西北部和南部三个地区，包括语言、外来移民、宗教、领土争端和自治权等问题。地区分布广泛，矛盾积重难返，是印度民族问题的主要特点。其中，孟中印缅经济走廊涉及的东北部是印度民族分离主义重灾区。印度东北部一直有离心倾向，反政府势力长期活跃，印度中央政府对此颇为头疼。缅甸的形势也不容乐观，对缅甸北部边境地区行使实际控制的部分“民地武”尚未与中央政府签署全国和平协议，近两年来，政府军与“民地武”的冲突不断。在印缅中央政府难以对孟中印缅经济走廊涉及的国内部分地区进行有效管理、难以整合国内力量的情况下，两国政府短期内很难对孟中印缅经济走廊建设采取有实质性的支持措施。

孟印缅都处于执政权力交替或巩固期，政府（或未来的新政府）的执政能力面临考验。孟加拉国人民联盟在 2014 年

① 杨思灵：《孟中印缅经济走廊风险分析与评估》，《南亚研究季刊》2014 年第 3 期，第 53 页。

年初的大选中守住了执政党地位，但引发以民族党为首的反对党联盟的不满，罢工、游行、集会等抗议活动时有发生。2014年5月，印度人民党时隔10年后击败国大党，再度成为执政党（1998～2004年以获胜的全国民主联盟第一大党身份执政）。印度人民党在大选中大打印度教牌，赢得了印度教徒的选票。但其上台后，印度教民族主义势头上升，族群间的矛盾与冲突也不断加剧。① 根据缅甸2015年大选的投票结果，民盟获得组建政府的权力。由于民盟和昂山素季都没有执政经验，内部人才储备严重不足，新政府上台后必然会面临诸多挑战。譬如，怎样处理与军方的关系、能否顺利推进国内民族和解进程、能否妥善处理罗兴伽人及其他地区的佛教徒与穆斯林关系等。在可调度的资源和精力有限且需摸索前行的情况下，缅甸新政府能在多大程度上参与孟中印缅经济走廊的建设尚不可知。

4. 交通联通性差

经济走廊首先应该是通道走廊。有学者甚至把经济走廊称为“交通运输沿线经济带”，认为经济走廊是以跨越边境地区连接两国或多国政府间的交通干线或综合运输通道为主轴，以辐射范围内的出口加工区、保税区、自由贸易区等优惠政策的

① 张家栋：《印度族群政治透视》，《世界知识》2015年第23期。

次区域经济合作区和大中城市为腹地，融跨境加工制造、商贸、物流、旅游、金融服务等多重合作平台功能的带状空间地域综合体。[①] 因此，“经济走廊”建设要求合作的两个或两个以上国家将相互之间的互联互通，尤其是将交通基础设施的互联互通与各国的经济发展联系起来，形成沿“廊”地区的经济增长极，促进沿“廊”国家之间实现共同发展。经济全球化背景下，各国的经济社会全面发展离不开对区域和全球经济合作的参与，但其参与度和效果又常常受到交通基础设施薄弱的制约。交通基础设施落后、各国间联通性差也是孟中印缅经济走廊建设面临的突出问题。

在孟中印缅毗邻地区，中国云南境内段的公路基本实现了高等级化，部分铁路路段正在建设中，孟印缅三国的道路建设情况却不容乐观。印度在其东北部地区也进行了大量道路规划，但建设进展缓慢。20 世纪 90 年代末，缅甸与我国就开展陆水联运达成了初步意向，但受各种因素影响，中缅陆水联运项目基本停滞。孟中印缅四国还存在三种不同的铁路轨距标准。中国的铁路系统使用 1435 毫米的国际标准轨距，缅甸铁路系统则是米轨，印度东北部和孟加拉国东部使用米轨，两国其他地方使用 1676 毫米的宽轨。四国之间缺乏便捷通达的交

① 王磊、黄晓燕、曹小曙：《区域一体化视角下跨境经济走廊形成机制与规划实践——以南崇经济带发展规划为例》，《现代城市研究》2012 年第 9 期，第 71 ~ 79 页。

通硬件条件和人员、货物便捷流动的软件条件。四国尚未签署“过境运输框架协议”。在亚太经济社会委员会建议参加的7个国际道路运输公约中，中印只加入了其中一个，缅甸和孟加拉国均未加入。同时，四国目前实行的双边过境运输协议对经济走廊地区过境车辆、货物和人员的限制太多。① 孟中印缅四国要想使经济走廊成为深化彼此间互利合作的利益纽带，加快走廊内要素的自由流动，就必须进一步加快推进陆运、水运、航运等基础设施建设，夯实“五通”中道路联通的重要内容，深化走廊沿线的交通基础设施合作，同时从硬件和软件两个层面提升四国的交通互联互通程度。②

5. 地方政府的能力和权限不足

虽然孟中印缅经济走廊的提出使四国合作上升到了国家层面，但在实际实施过程中，经济走廊建设的推进仍然离不开地方政府的主动作为。地方政府将是孟中印缅经济建设的主要力量和具体项目与政策的重要执行者。而地方政府往往能力和权限不足，这也是制约跨境经济走廊建设的一个重要因素。

---

① 卢光盛、邓涵：《经济走廊的理论溯源及其对孟中印缅经济走廊建设的启示》，《南亚研究》2015年第2期，第13页。

② 习近平总书记在2013年上海合作组织峰会期间，围绕“丝绸之路经济带”构想，提出加强政策沟通、道路联通、贸易畅通、货币流通、民心相通的“五通”举措。

孟中印缅经济走廊建设不仅需要庞大的资金支持，还需要中国与孟印缅三国在海关、边防、检验检疫、非传统安全与国家主权等多个方面加强沟通协调。这些问题的解决均需要相应的能力和权限做支撑。以中国为例，云南自20世纪90年代以来一直努力推动孟中印缅合作，但限于自身经济实力、外事权限等因素，若没有中央政府的有力支持，将很难全面有效地参与孟中印缅经济走廊的建设。① 虽然孟中印缅经济走廊尚未到开展具体项目的阶段，但必须尽早考虑，认真做好相关的预案和应对机制，采取措施减少地方政府能力和权限不足带来的不良影响，充分调动地方政府在孟中印缅经济走廊建设中的积极性和主动性。

6. 实质性进展缓慢影响积极性

在提出孟中印缅经济走廊的同时，中国还提出了与巴基斯坦共建中巴经济走廊。2015年4月中旬，巴基斯坦的瓜达尔港全面投入运营，中巴经济走廊率先迈出了关键一步。2013年年底提出的“一带一路”发布了愿景与行动计划，将孟中印缅经济走廊和中巴经济走廊作为重要建设内容。很显然，孟中印缅经济走廊的推进速度已经远远滞后于同期提出的中巴经

---

① 卢光盛、邓涵：《经济走廊的理论溯源及其对孟中印缅经济走廊建设的启示》，《南亚研究》2015年第2期，第14页。

济走廊建设，也已经不能适应中国“一带一路”战略的推进步伐。

目前，孟中印缅四国在国别报告中提出的相关合作基本还停留在倡议和早期研究阶段，需要进一步相互对接，并不断做出修改和调整。联合工作组已经成立了两年多，但四国政府间的经济走廊建设总体规划也远未达成。换而言之，到目前为止，孟中印缅经济走廊的总体思路及合作项目等主要框架方案和具体细节都尚未最终确定。由于孟中印缅经济走廊建设要做什么，能做什么都不明朗，原本对孟中印缅经济走廊抱有极大参与意愿的地方政府和私营部门只能采取保守的观望姿态，积极性在一定程度上受挫。

（二）孟中印缅经济走廊实施“4－X”合作机制的可行性

虽然孟中印缅经济走廊建设要开展四国共同参与的合作项目受到多个主观和客观因素的制约，但已经具备了通过“4－X”模式开展具体合作的基础条件。

1. 四国就经济走廊达成共识为实施“4－X”合作机制提供了基本前提

早在20世纪90年代，孟中印缅四国学者就在亚洲次区域合作方兴未艾的背景下意识到了孟加拉国、中国、缅甸和印度依托地缘相邻的条件开展合作的重要性。1999 年，四国学者发起召开了第一次经济合作大会，即“孟中印缅地区合作论坛”，并签署了《昆明倡议》。此后，越来越多的四国官方人员参与其中。“孟中印缅地区合作论坛”逐渐从一个“二轨”对话机制向“一轨半”对话机制转变，并在中印提出共建孟中印缅经济走廊后上升到“一轨”合作。孟中印缅四国都处于发展经济、消除贫困和改善民生的关键阶段，面临加快经济转型升级的紧迫任务。在国际区域经济一体化和经济全球化共同发展的大趋势下，孟中印缅四国面对国际金融危机的冲击以及新一轮全球产业竞争，都需要挖掘自身潜力，实现优势互补、共同发展的目标，都有强烈的参与经济走廊建设的愿望。2013 年 5 月，中印共同提出建设孟中印缅经济走廊。该倡议得到了孟缅政府的积极响应，两国领导人均在重要场合公开表示支持孟中印缅经济走廊建设。从而，孟中印缅经济走廊建设从最初的学者倡导上升为四国政府的共同意愿。

2014 年 6 月，孟加拉国总理哈西娜在访华演讲中称，孟中印缅经济走廊建设将有助于提升地区内的互联互通，孟加拉国将会积极推动和落实孟中印缅经济走廊建设。[①] 2014 年 11

① 参见《孟加拉国总理哈西娜：积极推动和落实孟中印缅经济走廊建设》，人民网，http：//world. people. com. cn/n/2014/0610/c1002－25125403. html。

月，吴登盛在会晤到访的李克强总理时表示，缅甸支持并将积极参与孟中印缅经济走廊。[①] 孟中印缅四国高层均已意识到，通过发挥地缘优势和经济互补性，共建经济走廊，可以进一步增强各国间的政治互信、深化投资贸易、促进互联互通和加强人文交流，将给本国和本地区发展带来新的机遇。

2. 合作机制初步形成为实施“4－X”合作机制提供了制度支撑

2013 年 10 月，印度时任总理辛格访华，两国在《中印战略合作伙伴关系未来发展愿景的联合声明》中决定，在协商的基础上成立联合工作组，研究加强次区域内的互联互通，促进经贸合作和人文交流，推动孟中印缅经济走廊的建设。联合工作组的成立标志着四国政府推进孟中印缅合作的合作机制初步形成。截至 2015 年年底，联合工作组已分别在中国和孟加拉国召开了两次会议，并就重点合作领域达成了广泛共识。

2013 年 12 月 18～19 日，第一次联合工作组会议在昆明举行，来自孟中印缅四国政府部门官员、专家学者、国际组织和云南省代表出席了会议。会议梳理了地区合作论坛达成的共识，借鉴了国际机制经验，在经济走廊发展前景、优先合作领

① 参见《李克强同缅甸总统吴登盛举行会谈：全面提升中缅战略合作水平》，中国政府网，http://www.gov.cn/guowuyuan/2014－11/14/content_2778859.htm。

域和机制建设等方面进行了友好深入的交流，在交通基础设施建设、投资和商贸流通、人文交流等方面形成了多方面的共识。[①] 会议签署了会议纪要和孟中印缅经济走廊联合研究计划，孟中印缅经济走廊构想由此迈入四国政府主导的联合研究阶段。2014 年 12 月 17～18 日，孟中印缅经济走廊联合工作组第二次会议在孟加拉国科克斯巴扎召开。本次会议讨论了四国提交的孟中印缅经济走廊国别报告，深入探讨了在互联互通、能源、投融资、货物与服务贸易及贸易便利化、可持续发展与扶贫及人力资源、人文交流等重点领域开展合作的设想和推进机制建设。[②] 这次会议肯定了四国在孟中印缅经济走廊建设上做出的努力及取得的积极进展，再次强调了加强走廊互联互通的重要性，并承诺本着互相信任、互相尊重、公平互利、务实高效、协商一致、多方共赢的原则，加快推进孟中印缅经济走廊建设，为维护地区和平稳定和促进经济发展做出贡献，使四国人民得到实惠。

孟中印缅联合工作组的成立，尤其是两次工作组会议的顺利召开，既是四国政府支持共建孟中印缅经济走廊的具体表现，又进一步增进了四国的共识和对彼此意愿和诉求的了解。

---

① 《孟中印缅经济走廊联合工作组第一次会议在昆明召开》，中国政府网，http：//www. gov. cn/gzdt/2013－12/20/content_ 2551850. htm。

② 《孟中印缅经济走廊联合工作组探讨加强联通与合作》，中国政府网，http：//www. gov. cn/xinwen/2014－12/19/content_ 2794163. htm。

虽然目前孟中印缅经济走廊的合作机制还需进一步完善，但联合工作组的成立是四国合作机制确立的开始，为形成更成熟的合作机制打下了基础，也为开展“4－X”合作提供了必要的制度保障。

3. 双边关系改善为开展“4－X”合作提供了政治保障

孟中印缅四国地理邻近，交流合作源远流长，随着经济全球化和区域一体化步伐的加快，四国的合作日益向纵深发展，政治关系不断改善，为引入“4－X”合作模式营造了更好的政治氛围。

2013 年中印两国总理实现了自 1954 年以来首次年内互访，开启了中印战略伙伴关系的新征程。2014 年 6 月，中国与孟加拉国签署了《中孟关于深化更加紧密的全面合作伙伴关系的联合声明》，2015 年两国共同举办了形式多样的建交 40 周年纪念活动。2011 年，中缅两国建立了全面战略合作伙伴关系。在“东进政策”的促进下，印度与孟加拉国和缅甸的关系不断改善。2012 年 7 月，时任印度总理辛格访问缅甸，成为 25 年来首位访问缅甸的印度总理，有力地推动了两国关系的发展和深化。缅甸和孟加拉国通过国际海洋法法庭裁决的方式圆满解决了 2008 年引发的海域争端，为两国关系的顺利发展扫除了障碍。自 2009 年 1 月人民联盟执政以来，孟加拉国与印度的关系已明显好转，两国在反恐、边境纠纷、水资源、运输和能源等各领域都进行了协商与合作。

4. 经济互补性为开展"4－X"合作带来巨大潜力

随着改革开放以来经济的快速发展和对区域经济合作的积极参与，中国与缅孟印三国的经贸合作领域不断拓宽，合作规模不断扩大，而且合作内容日益丰富，合作形式日益多样化。作为全球第二大经济体和当之无愧的贸易大国，中国已经成为印度最大的贸易伙伴，缅甸最大的贸易伙伴和最大外资来源国。金砖五国之一的印度也是缅甸和孟加拉国的重要合作伙伴。发展程度和速度的差异性及对外合作的需求性使孟中印缅四国具备了良好的经济互补性，给四国合作带来很大的发展空间。

孟中印缅四国均处于工业化发展进程中，但工业化的程度不同。中国经过几十年的对外开放与发展，工业化水平不断提高，工业体系逐渐完备，在制造业方面的比较优势突出，已成为名副其实的"世界工厂"。孟印缅三国的工业化水平较低，尤其是孟缅两国的工业化还处于起步阶段，工业发展落后，产业门类不全，对资源的开发与利用在国民经济中占主要地位。印度的工业化程度要高于孟缅两国，但明显低于中国，尚处于工业化初期，产业结构不尽合理，但其在 IT 产业和服务外包领域的优势明显，号称"世界办公室"。在孟中印缅经济走廊四国中，中国拥有广大的消费市场，对外投资能力不断增强，积累了丰富的基础设施建设和人力资源开发经验，对孟印缅三国的资源、能源、农产品等有巨大需求。印度对中国的光学仪器、汽车及零部件、家具等产品需求旺盛。缅甸丰富的林木、矿产、石油、天然气、水力资源尚待开发，孟加拉国拥有大量的天然气资源，但两国的资金、技术短板亟须通过国际合作来弥补，同时两国的基础设施对整个社会和经济的发展构成了严重的制约。中印同为发展中大国，有着巨大的能源需求，可从孟加拉国和缅甸获得一定的外部能源供给。孟缅由于工业化水平低，制造业对 GDP 的贡献率不高，只要引入外部资金和技术，两国经济增长空间巨大。因此，从商品、市场、资金和技术等各方面来看，孟中印缅四国具有很强的经济互补性，对于开展“4－X”合作的潜力巨大。

5. 四国开放务实的政策为开展“4－X”合作营造良好的氛围

2013 年年底，中国提出了推进丝绸之路经济带和海上丝绸之路建设的“一带一路”战略新构想。这是我国领导人统筹国内国际两个大局，立足当下、谋划长远做出的重大战略部署，为孟中印缅经济走廊建设带来了重大利好。孟中印缅经济走廊是“一带一路”的题中之意和重要组成部分。《推动共建丝绸之路经济带和21 世纪海上丝绸之路的愿景与行动》明确指出："中巴、孟中印缅两个经济走廊与推进'一带一路'建设关联紧密，要进一步推动合作，取得更大进展。"① 21 世纪海上丝绸之路重点方向是从中国沿海港口过南海到印度洋，延伸至欧洲。孟中印缅经济走廊正好处在丝绸之路经济带拟重点畅通的西南路线上。

与此同时，印度深入实施"东向"政策，积极拓展与东盟国家的合作，缅甸与孟加拉国也加大了对外开放的力度，尤其重视加强与周边国家的经济合作。孟中印缅四国的高层互访日益频繁，并签署了一系列推进经贸合作的文件、协议、备忘录。四国开放务实的发展战略为在孟中印缅经济走廊中引入"4－X"合作机制带来战略机遇期。

6. 丝路基金和亚投行的运行为开展"4－X"合作拓宽了融资渠道

2014 年 11 月 8 日，中国国家主席习近平宣布，中国将出资 400 亿美元成立丝路基金，为"一带一路"沿线国家基础设施建设、资源开发、产业合作等有关项目提供投融资支持。2014 年年底，丝路基金正式投入运营。2013 年 10 月，中国国家领导人在东亚系列峰会上提出要成立亚洲基础设施建设投资

① 《推动共建丝绸之路经济带和 21 世纪海上丝绸之路的愿景与行动》，2015 年 3 月。

银行（简称亚投行）。经过两年多的筹备，在包括孟中印缅四国在内的57个成员国共同见证下，亚投行于2016年1月16日正式起航。亚投行致力于推动亚洲地区的基础设施建设，将弥补亚洲国家在基础实施投资领域存在的资金缺口。

孟中印缅经济走廊不仅是“一带一路”的重要组成部分，其发展也将为“一带一路”注入活力。孟中印缅经济走廊域内的基础设施联通现状亟待改善。加强交通联通性是孟中印缅经济走廊建设和“一带一路”建设的共同要求，丝路基金和亚投行的成立和运行可以为“4－X”合作机制下的基础设施建设项目提供启动资金和融资支持。进一步拓宽的融资渠道将在一定程度上减轻孟中印缅四国在经济走廊建设上面临的资金压力。

（三）孟中印缅经济走廊建设实施“4－X”合作机制的必要性

针对孟中印缅经济走廊建设迟迟无法取得实质进展的困局，相关方应予高度重视并采取有效措施积极应对。按照目前的四国协商一致才能开展实质合作的路径，在与印、缅关系难以在短期内根本改善的客观环境下，整体推进孟中印缅经济走廊建设工作面临着重大困难。在此背景下，有必要为孟中印缅经济走廊建设引入“4－X”机制，寻求实质性进展突破点，并形成示范带动效应，最终实现四国共同参与、共同建设、共同发展。

1. 有利于孟中印缅经济走廊寻求实质性突破

集体行动的逻辑认为，理性的个人在实现集体目标时往往具有搭便车的倾向，常常导致集体非合作性结局。[①] 该逻辑对于国与国之间的跨境区域合作也同样适用。孟中印缅经济走廊倡议提出以后，四国从各自的立场和国家利益出发，提出了于己更为有利的制度设计和规划建设方案。在政治互信不足、合作机制不完善的现实背景下，相互间的猜忌难以使四国轻易做出妥协和让步。“4－X”合作模式可以凭借更灵活、更务实的优势，使孟中印缅走出集体行动的困境，为经济走廊合作取得实质性的突破。

按照通常的合作思维，孟中印缅经济走廊作为四国共建的经济走廊，具体合作项目需要四国达成一致共识，从目前形势看操作难度很大。即便有的国家最终做出妥协，促成了某个合作项目走向落实，但做出妥协的国家必然有预期目标落空的失落感，会认为其他国家对自身利益没有给予应有的重视，参与经济走廊建设的积极性也定然会因此受挫。引入“4－X”合

① 〔美〕曼瑟尔·奥尔森著《集体行动的逻辑》，陈郁等译，格致出版社，2014，第8～15页。

作模式后，可在4个成员国范围内，在自愿参与的原则基础上，选择2个或3个成员国，率先开展双边项目合作（“4－2”）或三方项目合作（“4－1”）。例如，实现四国交通互联互通是孟中印缅经济走廊建设的必然要求，可以通过“4－2”合作模式分段修建中缅跨境交通、印孟跨境交通基础设施和缅印跨境交通基础设施的方式来实现最终四国通联的目标。鉴于孟中印缅四国的经济互补性较强，且存在良好的合作基础，要达成双边或三边合作项目相对要容易得多。只要成员国间就具体项目达成一致，相关合作活动取得明显成效，就可以向外界表明孟中印缅经济走廊建设开始迈出了实质性的一步。这对推动孟中印缅经济走廊后续建设的象征意义是不可估量的。

2. 有利于降低孟中印缅经济走廊的合作成本

由于孟中印缅四国国情不同、利益诉求侧重点和优先考虑存在差异，孟中印缅四国如果希望就某个具体项目达成一致，必然要经过耗时很长的多轮谈判，反复做出修改和调整。这样的谈判往往会使各国付出巨大的时间成本，甚至丧失良好的合作机会。在“4－X”合作机制下，孟中印缅四国都可以提出自己感兴趣的合作项目，磋商和谈判只在有意愿参与合作的国家间开展。参与谈判的国家减少，需要协调的利益关系会变得更简单，谈判时间成本将大大降低。同时，由于参与谈判的国家本就对项目有参与兴趣，达成一致的可能性也会大大提高。

此外，由于“4－X”合作机制下的项目所牵涉的利益相关方相对减少，相关国家选择性参与合作，可以巧妙地规避某些政治障碍。因此，项目在落实过程中所面临的政治风险通常会也有所下降。实际上，中巴经济走廊之所以能更早取得实质性的突破，与该经济走廊只涉及中巴两国不无关系。

灵活运用“4－X”需要在具体项目上考虑X数值的适度变化。已有前期合作意向的两国间跨境交通基础设施、跨境产业园区和跨境旅游区则适合通过“4－2”模式在两个当事国间进行磋商和开展。技术交流和人才培养合作可以酌情采用“4－2”或“4－0”模式。能源合作项目视具体情况可以采用“4－2”“4－1”模式，如中国参与缅甸和孟加拉国的电网建设可以用“4－2”模式，孟印缅的跨境能源管道建设可使用“4－1”模式。促进人员和物资流动的通关便利化以及市场相互开放则最好是采用“4－0”模式。在某个成员国国内项目对孟中印缅经济走廊建设有重要意义时，也可以采取“4－3”模式，在本国纳入孟中印缅经济走廊的地理区域内通过单边建设对邻近的其他国家参与省区形成示范带动作用。当然，在条件成熟的情况下，同一个项目的“4－X”模式数值也可以有所变动。例如，中国与缅甸的跨境产业园区建设取得成效后，印度和孟加拉国的企业也可以入驻，其产品可以同时销往四国。这样“4－2”模式可以发展演变为“4－1”或者“4－0”模式。

3. 有利于在孟中印缅经济走廊建设中形成示范与带动效应

跨境经济走廊建设是在相邻国家逐步走向区域经济一体化的过程中所采取的一项重要的发展战略，对有效地推进相邻国家间在经济、政治、安全领域的务实合作具有重大意义。跨境经济走廊的功能演化可定位为“节点—区域化—网络化”的演变过程，合作领域由最初的交通和贸易合作，逐渐上升为在经济、环境、交通、规划、文化、教育、社会生活等全方位的跨境合作。[①] 孟中印缅经济走廊的建设过程，也将是四国合作领域、深度和辐射地域随经济走廊功能不断扩展而变化的过程。“4－X”合作机制可以通过形成示范作用，带来正外部效应，从而促进孟中印缅经济走廊功能的完善和发挥。

东盟三个“N－X”合作机制的参与地区都在合作过程中有不同程度的扩大，同时通过经济合作密切了参与国的政治关系和文化交流。最初出现的东盟南增长三角的成功则直接促成了北增长三角和东部增长区的出现。这些都是合作成效带来示范作用和正外部效应的具体表现。在“4－X”合作机制下，合作项目可以先易后难，突出重点，从点到线再到面逐步推进

① 王谷成、黎鹏：《GMS 框架下次区域经济走廊功能的演变机制研究》，《东南亚纵横》2009 年第 8 期，第 52～55 页。

孟中印缅经济走廊建设。由部分成员国集中人力、物力、财力在重点领域、重点地区有选择性地开展早期收获项目，取得重点突破，形成示范带动和正溢出效应，为逐步推动孟中印缅经济走廊建设创造有利条件，并将经济效益逐步“外溢”到政治、安全和文化等其他合作领域。通过由小及大、由点及面，带动整个孟中印缅经济走廊地区的合作水平和层次的提升。

4. 有利于完善我国跨境经济走廊合作机制

当前，孟中印缅四国虽然已经就共建经济走廊达成了一致，但除了成立四国联合工作组之外尚未做出具体的合作制度安排，缺乏完备的合作机制已经成为孟中印缅经济走廊继续推进面临的重要障碍。从中国现有的对外合作战略来看，完善的合作机制不仅是四国有效推动孟中印缅经济走廊建设的必然要求，也将为其他经济走廊建设提供有益的参考和新的具体合作模式选择。

与东盟“N－X”合作模式一样，“4－X”合作机制遵循的也是“建构—解构—建构”途径。即在共建孟中印缅经济走廊的总体框架下，通过局部合作先启先行来实现建成孟中印孟经济走廊的最终目的。通过以“4－X”模式开展具体合作，进行有益的探索，可以为孟中印缅经济走廊合作机制积累丰富的经验，有利于四国共同打造开放、包容、均衡、普惠的区域经济合作架构。我国在“一带一路”规划文件中提出了“根据一带一路走向，陆上依托国际大通道，以沿线中心城市为支撑，以重点经贸产业园区为合作平台，共同打造新亚欧大陆桥、中蒙俄、中国—中亚—西亚、中国—中南半岛等国际经济合作走廊”①。可见，跨境经济走廊建设将是未来我国参与区域、次区域合作的一种途径，对“4－X”模式的实践，不仅将促进孟中印缅经济走廊建设，也将为我国在与其他国家或地区的区域合作和跨境经济走廊建设提供有益的借鉴。

5. 有利于提高孟中印缅四国的相互依存度

随着经济合作不断取得新的成效，次区域内各国对经济走廊的功能会提出更高的要求。而跨境经济走廊的合作领域也由贸易、投资等经济领域开始向环境、人文交流、非传统安全等领域过渡转变。经济走廊开始从各参与方的“利益”平台向“命运共同体”平台进行功能演变。② 尽管孟中印缅四国当前的发展阶段不同，经济实力不同，所占优势不同，关注重点不一样，需求也不一样，但参与孟中印缅经济走廊合作无疑将大大提升各国的国际竞争力，并将提升四国的政治互信和经济相

① 国家发改委、外交部、商务部：《推动共建丝绸之路经济带和21世纪海上丝绸之路的愿景与行动》，2015年3月。

② 卢光盛、邓涵：《经济走廊的理论溯源及其对孟中印缅经济走廊建设的启示》，《南亚研究》2015年第2期，第8页。

互依赖。

孟印缅都是发展中国家，资源丰富，但经济欠发达，需要通过国际合作获得发展本国社会经济所需的资金、技术和人才。引入“4－X”合作机制，使孟中印缅经济走廊建设取得突破，并在日益完善的合作机制下实现顺利运转后，可以激发孟中印缅四国的低要素成本、市场与规模经济、市场深度与广度和低贸易成本，加快区域内产业合作和区域内贸易递增，有利于提升域内各国参与全球化的竞争力，是孟中印缅四国更好地融入亚洲生产网络、提高从全球价值链中获利能力的一条重要路径。在此过程中，孟中印缅四国的互联互通状况会不断改善，四国的政治、经济、文化和人员往来将进一步密切，会形成越来越多的共同利益，相互依存度也会不断提高。

6. 有利于调动相关力量的积极性

跨境经济走廊通常以边境城市和跨境交通为依托，孟中印缅经济走廊作为一个跨境经济合作机制，其顺利推进需要充分调动四国地方政府、私营部门、金融界等相关力量的积极性，形成合作共建的态势。各方积极性的强弱将直接影响到孟中印缅经济走廊的推进速度和成效。孟中印缅经济走廊当前的进展一定程度上已经影响到相关参与方的积极性。

相关力量的参与积极性很大程度上来源于他们对孟中印缅经济走廊的发展前景预期，也就是他们能从经济走廊建设中得到具体实惠。只有在经济走廊建设的早期就让各方体会到建设带来的好处，这样更有利于提高积极性。如若孟中印缅经济走廊长期无法取得实质性进展，原本有意参与其中的相关力量势必会消极看待其发展前景。引入“4－X”合作机制后，尽早开展孟中印缅双边或三边项目，为相关地区的政府、民众和企业带来实质性的利益和好处，形成良好的经济效益和社会效益。从而有利于达成共识、夯实经济走廊建设的民意基础，有效地增强各国之间深入参与孟中印缅经济走廊建设合作的信心和积极性，为未来全面实施经济走廊建设各项协议奠定良好的基础，凝聚更强大的力量。

三 孟中印缅经济走廊建设中运用“4－X”机制开展合作的思路、原则与路径

孟中印缅经济走廊建设运用“4－X”合作机制要充分发挥各国的比较优势，以互联互通的综合运输大通道为载体，以经济、贸易、产业的互补性为基础，以优势产业合作为核心，以项目合作为平台，不断深化和拓展各方合作，致力于把孟中印缅经济走廊建设成为交通完善、物流通畅、优势互补、合作便捷的国际经济大通道，建设成为促进孟中印缅经济合作与增长的新引擎。

（一）合作思路

孟中印缅经济走廊建设运用“4－X”机制开展合作的思路是：以“亲、诚、惠、容”的周边外交新理念为指导，深入贯彻落实我国周边外交“与邻为善、以邻为伴”的基本政策和“睦邻、安邻、富邻”的基本方针，抓住我国周边外交

战略调整、扩大向西开放和“一带一路”建设契机，充分借鉴东盟经济合作中“N－X”合作机制，高度秉承合作的灵活性、舒适性、包容性和透明性，坚持共商、共讨、共建、共享、共赢原则，有重点、有步骤、有选择性地在孟中印缅次区域推进“4－X”合作机制下的经济走廊建设，突出构建以孟中印缅四国基础设施为核心的互联互通，加强各国的政府沟通、道路联通、贸易畅通、货币流通、民心相通，致力于建设一条资源互补共享、区域分工合作、各方互利共赢、各国共同发展繁荣的孟中印缅跨境经济走廊，实现孟中印缅次区域的全面发展。

（二）合作原则

第一，互利共赢，共同发展原则。共同的利益需求是区域经济合作的核心要素，是在孟中印缅经济走廊建设中引入东盟“N－X”机制开展合作的主导原则。在区域合作中，成员国之间经济社会发展的内在需求以及相应的地缘经济利益是开展经济合作的根本动力。孟中印缅跨境经济走廊的建设与发展是居于“求发展”这一共同的基础和利益诉求之上的，其目的是通过加强经济合作和利益融合，建立更为紧密的国家关系，实现共赢。当然，孟中印缅经济走廊的建设与发展不仅需要建立在共同的利益需求之上，同时还应重视对经济走廊建设所创造利益的合理分配与共享。在“4－X”合作机制下进行项目合作时，要充分考虑我国与孟印缅三国经济社会发展的当前需求和中长期愿景，注重加深与孟印缅三国的全面沟通和相互了解，充分聚焦各国的共同利益，切实关切相关各方的利益。通过“4－X”机制下的项目合作，使各国尤其是其政治、经济精英真正认识到经济走廊建设对其经济社会发展的重大战略价值，进一步凝聚共识，全面提升相互信任度，加深合作意愿，加快形成利益共享、各方共赢、共同发展的合作格局。

第二，优势互补，合作灵活原则。优势互补是跨境经济走廊建设的重要依托。跨境经济走廊是相邻国家或地区在互通有无、互利共赢的基础上建立的次区域经济合作机制，在其形成和发展过程中，不仅需要找到各参与方共同的利益需求，更需要建立起实现这些利益需求的互补产业。只有依托本地区的地缘经济优势，密切产业合作，才能充分实现走廊沿线的经济发展潜力。从经济空间考察，参与合作的各个行为主体之间产业结构的互补是影响经济合作绩效的决定因素。孟中印缅次区域四国拥有的资源禀赋是不均衡分布的，各国产业内和产业间经济的互补关系是开展经济走廊建设的重要基础和前提。运用“4－X”合作机制推进孟中印缅经济走廊建设无疑应该立足于产业优势的互补与发挥，在此基础上采取灵活多样的合作方式来推动双边、三边、四边合作，亦可将单边项目纳入次区域经济走廊建设的框架中。只有充分发挥四国各自的比较优势，以灵活的方式促进形成合理的产业布局与分工，才能在走廊内形成相应的经济增长极，满足彼此的利益需求。当前，孟中印缅四国处于不同的发展阶段，中国已进入工业化中后期；印度工业化起步较早，但进展缓慢；孟加拉国与缅甸的工业化进程仍处于起步阶段。中国可以在基础设施建设、制造业设备提供等方面对孟印缅三国给予帮助，同时也可以借助孟印缅丰富的原材料和劳动力优势，向三国进行部分制造业产业转移，帮助其提高制造业技术水平。

第三，注重民生，突出实效原则。在现阶段，运用“4－X”合作机制推进孟中印缅经济走廊建设应强调以项目为导向的合作模式。在项目选择时，应汲取以往地区合作中的经验教训，要把恢复和增强彼此信任关系作为合作的出发点。合作项目不仅要更加注重经济社会发展与生态环境可持续相结合，而且要充分体现参与者的社会责任，最大限度地创造政治效益、经济效益、社会效益和生态效益，最大限度地赢得民众的广泛支持，最大限度地关注民生。只有如此，才能最大限度地发挥项目的实效性，最大限度地实现合作的目的与效益。孟印缅三国尤其是孟加拉国和缅甸，对交通、电力、通信等基础设施的改善以及农业农村的发展需求迫切，“4－X”合作机制下的项目选择应以这些民生领域为切入点，通过一批先导项目和民生项目的实施，改善区域基础设施，促进当地经济社会发展，增进人民福祉，为全面推进孟中印缅经济走廊建设建立良好的合作氛围和互信关系。

第四，先易后难，形成示范原则。以项目为导向的“4－X”合作机制的设计是从提高孟中印缅经济走廊建设的效率和可执行性的角度出发的。从经验来看，项目导向的合作和机制构建是一个有效的方式，在进行“顶层”和制度设计的同时，以其中某个项目的合作为突破口首先推进，发挥示范效应是可行的方法。四国跨境经济走廊的经济合作应该从低政治领域、低敏感性领域开始，以渐进的模式先易后难地有序推进经济走廊建设。按照功能主义的理论，这些领域的合作效应最终会外溢到其他领域，推动该地区其他领域的合作。因此，在“4－X”合作机制下的项目选择应该体现先易后难、形成示范的原则，找准切入点，从孟中印缅四国互补性最强、合作愿望最迫切、最易突破、最易见效的领域和项目着手，布局一批具有发挥示范作用和带动作用的重点项目。由此可减少孟中印缅经济走廊建设初期的风险和失误，提高项目合作的成功率，形成带动示范效应，促进合作经验不断累积，从而增强各国参与经济走廊建设的愿望和信心，逐步推进孟中印缅经济走廊建设。

（三）合作路径

第一，率先启动单边或双边的合作项目，逐步带动多边合作。东盟“N－X”的合作机制运用到孟中印缅经济走廊建设的过程中，会出现“4－3”“4－2”“4－1”“4－0”等多种形式的合作机制。考虑到合作的灵活性和舒适度，可将当前缅甸、孟加拉国、印度国内的建设项目或中缅、中孟、中印之间的合作项目纳入孟中印缅经济走廊建设框架，率先推动“4－3”或“4－2”机制下即单边或双边的合作项目，以减少因政治制度、经济和社会发展程度以及利益诉求等方面的差异给跨境合作带来的障碍和摩擦，逐步降低敏感性，增加合作的透明度，培育政治互信度，达到提高区域合作效率的目的。随着单边或双边合作不断夯实和深入，通过发挥“4－3”或“4－2”合作项目的示范效应，逐步带动“4－1”乃至“4－0”机制下多边合作的发展。

第二，以交通基础设施互联互通为抓手，带动其他领域的合作。“4－X”机制的运作当中，优先合作领域的选择至关重要。孟中印缅经济走廊的沿线地区基本上都是经济欠发达的地区，交通基础设施十分落后，导致区域内部运输成本以及区域间运输成本处于较高的水平，较高的时间成本和运输成本对区域的贸易投资等领域的合作产生了很大的制约，成为孟中印缅经济走廊建设的最大瓶颈，故可以参照我国“要想富先修路”的经济发展经验，让交通领域的互联互通合作先行先试。同时，交通基础设施建设也是关乎民生的工程。将交通基础设施的互联互通作为合作的优先领域首先突破，发挥其示范效应，从而带动区域其他领域的合作。可以将当前中缅、缅孟、孟印边境的跨境交通基础设施建设作为“4－2”机制下的合作项目率先启动，打通四国间的边境通道，为四国层面交通领域的互联互通打下坚实基础。

第三，根据孟印缅三国对经济走廊建设的不同态度，优先推进中缅、中孟之间“4－2”机制的合作项目。在“4－X”合作机制的运用过程中，除了考虑到机制与合作项目的组合之外，还需要将机制与不同的国家进行组合，实际上将形成包括机制、项目、国别“三位一体”的立体的、交互式的合作模式。因此，在国别的选择上，需根据孟印缅三国对参与经济走廊建设的不同态度，有重点、有针对性地进行选择。在实施“4－X”的合作时，可先开展中缅、中孟、缅孟之间的双边合作项目，再推进中印、孟印之间的合作项目，从而更快凸显“4－X”合作机制的效率。不过，针对不同的领域，优先的合作国别存在差异。比如，在能源合作领域，中缅在能源基础设施建设、水电和油气开发的合作空间更大，缅甸应是我国参与孟中印缅经济走廊能源合作的优先合作对象，可通过与缅甸的合作来开拓孟加拉国和印度能源市场。

第四，通过重点打造一批示范性项目，引领次区域经济走廊建设。2014 年 7 月 14 日，国家主席习近平在巴西福塔莱萨会见印度总理莫迪时指出：“推进孟中印缅经济走廊建设，各方要对接各自发展战略，在铁路等基础设施建设、产业投资等领域重点打造一批示范性项目，扩大旅游、服务、贸易、投资等领域合作，引领区域经济一体化进程。”习近平主席的重要倡议，得到了莫迪总理的高度认同和积极响应。可以在交通基础设施互联互通、能源、产业园区、农业、旅游等不同领域分别选择一两个具有示范效应的合作项目，将其重点打造成孟中印缅经济走廊框架下的旗舰项目，例如在交通基础设施互联互通方面可选择昆明—皎漂铁路工程，在能源合作领域可选择缅甸小其培电站民生用电示范区工程，在产业园区领域可选择孟加拉国吉大港工业园区建设，在农业合作方面可选择缅北现代农业示范区建设，在旅游合作领域可选择大理旅游合作示范区等，将这些项目作为优先项目，建成具有示范效应强、带动作用大的重点项目。

第五，构建以合作领域为核心的合作架构，逐步推动多领域全方位的合作。从提高“4 - X”合作机制的执行效率的角度出发，可以构建以合作领域为中心的小核心，形成广泛而多层次的沟通渠道与协调网络，促进多领域的务实合作。可以在基础设施、能源、农业、制造业、旅游、金融等重要领域分别成立专门的合作小组，如基础设施互联互通合作组、能源合作组、农业合作组、制造业合作组、旅游合作组、金融合作组等，以加强不同领域的沟通与协作，推动各领域的合作向纵深发展。

第六，引入区域外的国际机构和组织参与区内一些重大项目的合作，提高重大项目的合作成功率。在推进区域“4－2”、“4－1”或“4－0”等机制下政治敏锐性较高的重大项目时，应注重发挥多边参与在力量整合上的优势，可以引入域外的参与方，增进共识，提高项目的透明度和执行力，有利于推动重大项目尽快落实。例如，在中国与孟印缅三国的能源合作领域，可以在以我为主的前提下引入亚行、世行等国际性机构的参与，一方面可以争取到更多的外部资金和技术支持，另一方面可以在合作中减少个别国家政府和民众对外资开发本国资源的敏感性和抵触心理，促进合作项目的实施。此外，从外部融资渠道考量，争取亚投行、丝路基金、金砖银行的资金投入也是不错的选择。

第七，遵循政府主导市场运作的政企模式，加快推进“4－X”合作项目的实施。作为区域性的国际合作，必然要发挥政府的主导作用，调动孟中印缅四国政府参与经济走廊建设的积极性、主动性和能动性。同时，为了发掘孟中印缅地区合作的潜力，调动各方资源，引入市场化运作机制，引导和吸纳社会闲置资本注入互联互通、能源合作、农业合作等领域，形成以政府为主导、社会共同投资参与的政企、公私合作模式，使“4－X”机制下的合作项目得以落到实处。

第八，以云南省为先导，充分发挥云南省作为我国参与孟中印缅经济走廊建设的主体省的引领作用。孟中印缅四国已达成共识，孟中印缅经济走廊是以交通干线或综合运输通道为发展主轴，以昆明、曼德勒、达卡、吉大港、加尔各答等经济城市和港口为主要节点，连接覆盖中国云南省及西南地区、缅甸、孟加拉国和印度西孟加拉邦及东部和东北部地区，以实现促进次区域国家和地区经济发展的国际区域经济带。地缘特色与优势决定了云南是我国参与孟中印缅经济走廊建设的主体省份。20 世纪 90 年代中期以来，云南一直积极谋划推动孟中印缅次区域经济合作，并与孟印缅三国在能源、农业、旅游、商贸和人文交流等领域保持着密切往来，已为进一步参与孟中印缅经济走廊建设打下了坚实的基础，创造了合作的良好条件。以“4－X”机制推进孟中印缅经济走廊建设，应该以云南省为先导，在云南率先启动一批涉及交通基础设施互联互通、能源、产业园区、农业和旅游方面的优先项目。同时，云南自身也应积极作为，主动融入，率先行动，争取参与顶层设计，发挥重要的引领作用。

四 孟中印缅经济走廊建设中“4－X”机制下的合作领域与项目选择

经济走廊的建设最终要落到经济合作上，运用“4－X”合作机制的根本目的是更快更有效地推进孟中印缅次区域的经济合作。孟中印缅经济走廊合作的领域十分广泛，但并非所有领域所有项目都需要或适用于“4－X”机制。根据孟中印缅四国优势产业和经济发展需求特点的分析，适用“4－X”合作机制开展合作的主要领域有交通基础设施互联互通、能源合作、产业园区合作、农业合作、旅游合作和金融合作等。

（一）交通基础设施互联互通

1. 需求分析

交通基础设施互联互通是发展经济走廊的重要基础。经济走廊建设应从交通走廊建设着手和切入，区域内中心城市之间公路、铁路、水路及航线等相互连接的交通干线的建立与完善，将显著降低并改善交通干线辐射范围内人力、物资等生产要素的运输成本和便捷程度，从而促进交通走廊向经济走廊的转变。因而，交通基础设施互联互通是孟中印缅经济走廊建设在“4－X”合作机制下力求突破的主要领域，也是其中首要的基础性工作。

从2002年孟中印缅经济合作论坛第三次会议开始，论坛讨论的主题就没有离开过互联互通。十年来，我国云南省的交通基础设施建设得到很大的提升，已基本形成昆明至瑞丽辐射缅甸皎漂、昆明至磨憨辐射泰国曼谷、昆明至河口辐射越南河内、昆明至腾冲辐射缅甸密支那等连接东南亚的四条对外开放经济走廊，高速公路、铁路等基础设施已经逐步到位。但缅甸、孟加拉国和印度在基础设施建设和区域互联互通方面的进展不大。缅甸主要靠一条南北纵向的米轨铁路和一些低等级公路来联通全国。近年来在中国的帮助下，缅甸修复了云南省腾冲至缅北的密支那、瑞丽至八莫的公路，在印度帮助下新修了一条边境地区通道，但离经济走廊建设的要求相去甚远。据2014年世界银行公布的“物流绩效指数”，在全球160个国家中中国指数位列第28位，印度位列第54位，而孟加拉国、缅甸的指数排名靠后，分别位列第108位和第145位，两国在通关、交通基础设施建设及运输方面发展十分落后。当前，孟印缅三国尤其是孟加拉国和缅甸对于改善国内公路、铁路、航空、管道建设及港口建设等基础设施的需求迫切，而我国在基础设施建设方面拥有世界一流的施工团队和精良的机械设备及精湛的建设经验，与三国的交通基础设施建设合作潜力巨大。

在孟中印缅交通基础设施互联互通建设中，我国云南省以昆明、楚雄、大理、保山、瑞丽、腾冲、临沧为城市节点构建出境国际通道，出境口岸主要有瑞丽口岸、猴桥口岸、清水河口岸、章凤口岸及畹町口岸；缅甸境内以密支那、腊戍、曼德勒、皎漂、仰光为城市节点，涉及皎漂港、仰光港等港口码头；孟加拉国境内主要以吉大港、锡尔赫特市及达卡市为城市节点；印度东北部主要以阿萨姆邦丁苏吉亚、梅加拉亚邦、米佐拉姆邦、特里普拉邦阿加尔塔和印度东部的西孟加拉邦加尔各答、英吉利巴扎尔、比哈尔邦巴特那为城市节点，通过促进这些城市节点的连接以实现次区域的互联互通。基于历史或现实基础，在推进孟中印缅交通基础设施建设时，可与现有的亚洲路网规划相衔接，推进三个方向的通道建设。一是从昆明经大理、保山到瑞丽，出境后经缅甸腊戍至曼德勒，继续向西到皎漂，经孟加拉国吉大港、达卡，最后到印度加尔各答；二是从昆明到瑞丽，出境后到缅甸曼德勒，向西北到缅甸德木口岸，经印度因帕尔到孟加拉国达卡，最后到印度加尔各答；三是从昆明到保山腾冲出境，到缅甸密支那，经印度雷多、因帕尔到孟加拉国达卡，最后到印度加尔各答。

公路：公路交通走廊可与亚洲公路网规划对接，中线即亚洲公路网规划路线，昆明—曼德勒—因帕尔—达卡—加尔各答，连接孟中印缅四国，2012 年和 2013 年完成过一次路考和一次汽车集结赛，两次进入印度，需要提升公路等级；南线即亚洲公路网南向路线，昆明—曼德勒—皎漂—吉大港—达卡—加尔各答，不需两次进入印度，连接沿线各国的中心城市，需要连接缅孟边界缺失路段；北线也可视印缅和中缅双方的公路连通情况，开通历史上的史迪威公路，即昆明—密支那—雷多—达卡—加尔各答，缅甸境内需要架桥、部分山地道路需要按照公路等级建设。

铁路：可考虑泛亚铁路西线，印缅铁路规划路线走向基本和亚洲公路网中线走向一致，中缅铁路规划方向也大致和印缅铁路同向，可以形成对接。印缅跨境铁路仍在酝酿协调中。印孟有跨境铁路相连，加尔各答至达卡铁路客运服务始于英国殖民统治时期。1965 年，印度和巴基斯坦因克什米尔问题爆发第二次战争，印巴之间的铁路交通中断，当时孟加拉国为巴基斯坦的一部分。1972 年 1 月，孟加拉国正式成立，但印度和孟加拉国的铁路客运服务一直没有恢复。直到 2008 年，印孟两国才恢复铁路客运。“印孟友谊列车”每周两趟，铁路全长 538 公里，但全程需耗时 13～14 小时。印度东北部阿萨姆邦有两条铁路与孟加拉国吉大港、达卡相连。孟加拉国和缅甸交界地带处于孟加拉湾边，尚无跨境铁路相连，可考虑推进缅甸皎漂—孟加拉国吉大港跨境铁路建设。

航线：孟中印缅次区域中，云南昆明与孟印缅三国已开通的国际航线有昆明—仰光、昆明—曼德勒、昆明—内比都、昆明—达卡、昆明—吉大港，昆明—巴特那、昆明—加尔各答等；孟加拉国的吉大港、达卡均与仰光、曼德勒、实兑、加尔各答、巴特那开通了直航。由于孟中印缅次区域交通基础设施落后，国际航空合作是加强多边合作、增强商务和文化交流的重点，应尽快形成孟中印缅国际航空网络。

水运：可考虑中缅陆水联运通道，由中国昆明—瑞丽—缅甸八莫中转港的陆路运输，再经伊洛瓦底江到仰光的水路运输，从仰光港转口到孟加拉国吉大港、印度加尔各答等地，构成中国通过缅甸伊洛瓦底江进入印度洋的国际联合运输系统。中国和缅甸自 1996 年开始探讨陆水联运项目，本来 2001 年 12 月中缅两国要签署该项目的协定，由于印度的反对最终该协定胎死腹中。

通关便利化：孟中印缅经济走廊建设不仅要注重硬件方面的互联互通，也要注重软件方面的互联互通。各国人员、货物通关便利化是经济走廊合作的重点之一。孟中印缅各国的检验检疫、出入境和海关通关制度各不相同，不利于通关便利化建设。可以借鉴“南宁—新加坡经济走廊”的经验逐步推行通关便利化措施，简化出入境手续，实行电子通关，不需海关盖章便可自动办理出入境手续。

2. “4－X”合作机制下的项目选择

（1）“4－2”机制下中缅、缅印和印孟跨境公路建设

利用“4－2”合作机制，开展中缅、缅印和印孟及缅孟之间的双边跨境公路建设，优先考虑连接缺失路段，提升公路等级，为次区域四国的互联互通奠定基础，尤其是为打通中国瑞丽至皎漂公路、密支那至班哨公路和重建史迪威公路创造条件。

中缅之间的跨境公路线有七条：瑞丽—木姐线，现为柏油路，与泛亚 14 号线（AH14）重合；腾冲—猴桥—密支那线，腾密二级公路经猴桥口岸与缅甸 31 号公路相连；孟定—清水河—腊戍线，经孟定清水河口岸，与缅甸 34 号、3 号公路连接达腊戍、曼德勒，以提升道路等级为重点；景洪打洛口岸—景栋（缅）线，与泛亚公路 3 号线（AH3）重合；章凤—缅甸八莫线，以道路等级提升为重点；盈江那邦—La Gyar Yang（缅）线，经盈江口岸出境，以援建为主；孟连—缅甸线，缅甸境内为乡村公路。近期可重点推进瑞丽—木姐、腾冲—猴桥—密支那、孟定—清水河—腊戍、打洛—景栋跨境高等级公路的建设。

缅印边境可推进 3 条跨境公路，即穆德（缅）—莫雷（印）线，经印度边境莫雷进入曼尼普尔邦，此公路与泛亚公

路（AH1、AH2）重合，是中印缅国际通道中线；密支那—雷多线，即中缅印国际通道北线；吉灵届（缅）—Zokhawthar（印）线，经吉灵届、Zokhawthar进入印度，此通道为等外公路。近期应重点推进建设曼德勒—穆德—莫雷—因帕尔高速公路，逐步提升密支那—雷多公路等级。

印孟之间跨境公路线可推进西隆（印）—锡尔赫特市（孟）线，沿印度梅加拉那邦境内泛亚公路2号线（AH2）与孟加拉国N2公路连接进入孟加拉国锡尔赫特市；阿加尔塔拉（印）—马托布迪（孟）线，特里普拉邦阿加尔塔拉经孟加拉国Z1202公路与印度44号公路相接进入孟加拉国；加尔各答（印）—杰索尔（孟）线，印度西孟加拉邦加尔各答沿35号公路经本冈与孟加拉国N706公路连接进入孟加拉国杰索尔，此跨境公路与泛亚公路1号线（AH1）重合；西里古里（印）—塔古尔冈（孟）线，从西孟加拉邦西里古里沿泛亚公路2号线（AH2）与孟加拉国N5公路连接达孟加拉国塔古尔冈等4条线路。近期应将阿加尔塔拉—马托布迪线作为重点项目，提升印孟两国跨境公路道路等级，直接缩短孟中印缅经济走廊中线的距离。

缅孟之间暂无直接相通公路，只有经印度进入孟加拉国吉大港的公路。近期可计划修建曼德勒—马圭—吉大港高速公路，形成孟中印缅通道的南线，与泛亚公路41号线（AH41）连接。

（2）“4－2”机制下中缅、缅印跨境铁路建设

中缅昆明—皎漂铁路是我国打通印度洋的重要战略通道。昆明—皎漂铁路工程难度较小，可行性较高，铁路贯通后，将成为中国运送物资到海外的大通道。该铁路也是云南规划中的“四出境”铁路之一。2011 年 4 月，中国铁路工程总公司与缅甸铁道运输部签署了《关于缅甸木姐—皎漂铁路运输系统项目谅解备忘录补充协议》，由中方负责筹措大部分资金，相应拥有 50 年运营权。由于缅甸国内对该项目有较大的反对意见，2014 年谅解备忘录到期后，中缅双方表示将暂缓推动该项目。从长远来看，瑞丽接木姐经曼德勒至皎漂港单线内燃准轨铁路，将会是孟中印缅经济走廊发展的重要通道和支撑性基础设施。目前以我国中信集团为首的跨国企业联合体已中标缅甸皎漂工业园项目和深水港项目，皎漂经济特区项目将会在民盟政府上台执政后正式启动。如果中方能推动昆明—皎漂铁路建设，那么依托铁路和港口，一方面将会迅速带动缅方沿线制造业和物流业的发展，使皎漂获得更大的市场空间，真正发挥其深水良港的优势；另一方面中方才能切实打通通往印度洋的国际大通道。作为联通缅甸南北的仰光—曼德勒铁路对缅甸社会经济的发展具有举足轻重的作用。但仰光—曼德勒铁路至今仍多为殖民地时期的遗留设施，已经陈旧不堪，并没有在缅甸当前的经济发展中发挥经

济主动脉的作用。鉴于推进昆明—皎漂铁路建设对中缅双方意义重大，我国应与缅甸保持协商，可以考虑以援助缅甸改建经内比都的仰光—曼德勒铁路线为条件，尽快推动在孟中印缅经济走廊建设框架下以“4－2”机制建设昆明—皎漂铁路。

在“4－2”合作机制下还可重点考虑建设景洪—勐海—打洛—景栋—南桑跨境铁路、保山—猴桥—密支那中缅跨境铁路，以及缅印之间的密支那—班哨跨境铁路，作为中印铁路的先期建设项目。

（3）“4－3”机制下航空建设

航空建设项目主要以“4－3”合作机制展开。可以将昆明长水国际机场扩建纳入孟中印缅经济走廊建设框架下的单边项目，发挥对东南亚以及南亚地区得天独厚的区位优势，积极争取开放第五航权，推出国际航班国内段中转衔接业务，合理搭配国内外航线航班时刻，将昆明机场建成中国乃至东北亚地区中转东南亚、南亚及中东地区的枢纽。芒市、景洪、思茅等机场改造为国际机场的项目也可纳入孟中印缅经济走廊的建设框架中。此外，在此框架下可陆续推进密支那、八莫、皎漂港为服务孟中印缅经济走廊的国际机场，增加孟中印缅四国国际航线的互通，进一步完善航空网络。

(4)“4 - 1”机制下重建史迪威公路

史迪威公路曾联通印度东北部与中国云南，是印度陆上连接外部的东北门户。从历史上看，该公路的起点是印度阿萨姆邦的雷多，经目前印度实际控制、中印有争议的地区进入缅甸北部，然后进入中国云南，最后抵达昆明。这条公路的总长为1700余公里，略超过从雷多到加尔各答的距离。该公路大部分路基现仍然存在，但年久失修，损毁严重。重建史迪威公路的倡议得到印度东北部各邦的一致赞同。如能重修从阿萨姆邦至缅北密支那的一段（由于所经大部分地区为崎岖山路，施工难度较大），就能从印度东北部穿越钦敦江联通现已竣工的印（Moreh—Tamu）—缅（葛礼瓦，Kalewa）公路，而印缅公路则可连接缅甸的铁路枢纽曼德勒。此外，印度东北部的米佐拉姆邦与孟加拉国、缅甸之间有长达800公里的共同边界，能联通缅甸境内濒临孟加拉湾的实兑港（Sittwe）。并且只要得到孟加拉国的同意，印度东北部特里普拉邦的阿加尔塔那（Agartala）也能与孟加拉国的吉大港联通。这样就可打通整个印度东北部地区与外界的交通，使其变成印度东向陆路贸易的商品转运通道。从经济角度考虑，这条公路对印度的吸引力很大。因此，可以将其纳入孟中印缅经济走廊建设框架中以“4 - 1”机制在中印缅三国之间开展合作。

（5）“4－0”机制下通关便利化合作

为了便利孟中印缅次区域相关的投资贸易合作，次区域四国应及早推进边境口岸通关便利化合作，该合作可在“4－0”机制下展开。我国可借鉴GMS合作经验，启动与孟、印、缅的磋商谈判，制定并实施区域客货过境运输便利化协议；在孟中印缅区域选择若干重点口岸，实施区域内客货过境运输便利化试点，积累经验后加以推广；加强各国口岸执法部门间的交流合作和相互学习借鉴，进一步开放和简化人员出入境手续，逐步实现区域内各国间落地签证，对经贸企业工作人员施行一次审批多次往返的出入境手续，尽快构建孟中印缅合作框架下人员往来的合作协调机制。

边境口岸通关便利化合作可采取循序渐进的思路。第一步，研究制定边境人员出入境便利措施，促进边境贸易。第二步，逐步扩大对第三国人员开放的边境口岸数量，方便区域内客货流通。第三步，完善四国总领事馆、领事馆设置。目前缅甸、孟加拉国均在昆明设立了总领事馆，但印度只在香港、上海、广州设立领事馆，不利于直接从昆明出境到印度。要争取印度方面在昆明设立领事馆，方便办理相关签证、咨询和协调服务。同时，我国也应该加快在孟中印缅经济走廊主要城市设立领事馆，为加强区域人员往来提供便利。第四步，加快实现四国因私护照互免签证。目前，印孟之间已经实现互免签证，但中国与印度、缅甸、孟加拉国都只能在部分口岸落地签，签证种类也受限制，尚无免签政策。孟中印缅之间的签证状况不利于商旅人员的流动和增长。要尽快推动孟中印缅四国在落地签证基础上实现互免签证，多渠道激活区域内的商业、旅游流量，为经济走廊的发展提供保障。作为过渡，可以试行从昆明、西双版纳、丽江三个国际机场和瑞丽、腾冲等特定边境口岸出入境互免签证，这样有利于刺激边境地区的经济发展，也有利于加速云南国际航线的开拓和对接。

（二）能源合作

1. 需求分析

薄弱的能源基础设施已成为孟加拉国和缅甸经济社会发展的重要制约因素。改善能源输送通道，构建能源运输网络，有利于孟中印缅的能源网络实现对接，提高区域能源安全。孟中印缅的能源需求增长及能源资源分布不均，客观上要求四国加大在能源资源开发和贸易上的合作力度。我国具有资金、技术优势，可以通过工程承包、技术咨询、能源设备出口等方式参与孟加拉国和缅甸的能源基础设施建设。能源基础设施建设是孟中印缅经济走廊建设框架下以“4－X”合作机制最易实现从合作规划走向合作现实的切入点之一。

（1）电网建设

缅甸的输电线路不仅建设规模小，而且多是低压线路，远距离送电损耗非常高。电网修改建和电源建设已成为缅甸能源发展的重中之重。目前缅甸西北、北部和东南沿海地区的输配电线路几乎还是空白。为了填补这些空白，缅甸计划建设大量的水电站、电网和变电站，使未来的电力生产、配送能满足国民生活和国家经济发展的需要。缅甸希望通过建设500千伏的南北输电动脉和延伸国家电网将富余电力输送到缺乏电力的地方，同时减少电力传输和配送过程中的损耗。缅甸要完成全国的输电线路和变电站建设及改造资金缺口非常大，必须依靠外资。孟加拉国目前有一半人口未能用上电，日益增长的用电需求已经接近其发电能力的2倍，每年因供电中断问题给经济造成的损失约占其GDP的0.5%。为解决电力供应难题，孟加拉国政府致力于发展电力行业、改善国家电网，力争到2020年实现向全国供电。孟加拉国政府计划耗资16亿美元，用于升级电站及改善供电系统、升级电网公司的传送线路系统，以改善达卡配电公司和达卡电力供应公司的电力供应网。除了国际开发银行提供的资助外，孟加拉国政府至少需要为这些项目筹集1.2亿美元资金。

虽然缅甸和孟加拉国的电网发展计划得到了亚行、伊斯兰发展银行等国际机构的资助，但完成国家电网建设还有较大资金缺口。缅甸和孟加拉国的电力技术和电网建设设备生产能力也较为落后，需要借助外部力量。因此，我国的电力企业可以利用孟中印缅经济走廊建设框架，凭借自身的资金和技术优势，通过投资参股、承建和产品出口等方式参与缅甸和孟加拉国电网建设和改造项目，帮助孟缅两国做好电网的维护、改造和扩建工作，促进孟缅两国电网的扩容与升级，改善两国电网现状。

（2）电源建设

缅甸除了水电外，现有主要用电来自国内的 1 座火电厂和 10 座天然气发电厂。由于大多使用年限较长，设备陈旧又缺乏维护，实际发电量与设计发电量相去甚远。随着经济和社会的发展，缅甸的用电量逐年攀升。在仰光举办的 2013 年缅甸能源投资峰会上，缅甸水电官员称，至 2030 年缅甸电力需求将增长至 20000 兆瓦，目前的发电能力约 4000 兆瓦，缺口相当大。缅甸近期的人均电力需求、总年度电力需求和高峰时段的电力需求正在逐年增长。政府已经开始采取积极的应对措施，拟通过兴建燃煤、天然气发电厂和小型水电站满足不断攀升的电力需求，计划在仰光、实皆和伊洛瓦底三省兴建 4 座依次为 1000 兆瓦、600 兆瓦、450 ~ 500 兆瓦和 50 兆瓦的燃煤火力发电站。政府许可这些电站由国内外公司合资兴建。同时，缅甸政府为了满足未得到电力供应的部分乡村的电力需求，计划兴建80座小水电站。其中，伯奥、伯朗、德努、那加自治区各兴建7座，克钦、实皆、马圭、若开、仰光等省邦地区共兴建17座。小型水电站对水流量、水流落差、前期投入的要求较低，建造周期短，运行寿命长，也不需要进行大规模移民，对环境的影响也很小。在缅甸没有电网覆盖或电力严重缺乏的地区参与小水电站建设，就地进行供电，这些利民投资更易受到缅甸政府和民众的欢迎。

电源建设需要大量的前期投入，建设、运转和维护对技术都具有较高的要求。国际开发银行的贷款仅是杯水车薪，缅甸目前的财政收入和技术水平很难确保新的电源建设如期完成和高效运转。因此，中缅之间可以利用"4－X"合作机制开展电源建设项目尤其是小水电站的建设项目完全符合缅甸电力发展和规划需求。

（3）新能源开发利用

孟中缅印地区具有丰富的新能源资源。为缓解常规能源短缺和减轻环保压力，孟中印缅各国采取了多项措施开发利用新能源，促进能源的多样性和清洁化。中国和印度作为能源大国，新能源是能源消费的重要组成部分，新能源技术也比较成熟。孟加拉国和缅甸有发展新能源的需求，但缺乏开发新能源所需的技术、资金和人才。各国在新能源利用技术和资金上的互补性为未来四国开展新能源合作提供了广阔的空间。

目前，缅甸主要依赖水电和天然气发电，孟加拉国的用电主要依赖天然气发电。孟加拉国政府正在试图实现电源多样化，主要是发展太阳能、风能和生物能。受电网建设滞后的影响，缅甸有 4 万多个村庄无法得到电力供应。缅甸政府正在计划为 1 万多座房屋安装太阳能光伏发电，并继续建设小型生物发电站。同时，在孟缅两国电网覆盖率低、国家电网建设严重滞后的情况下，有必要在偏远地区发展离网型新能源设施，满足偏远地区在国家电网建成前的电力需求。户用沼气池、小型生物能发电站和户用光伏系统是解决偏远地区农村用电的有效途径。孟加拉国和缅甸每年有数以百万吨计的生产和生活废料可用作户用沼气池和小型生物能发电厂的原料，充足的日照也为太阳能发电提供了条件。中国的生物能和太阳能利用技术，尤其是户用沼气池技术和太阳能利用技术较成熟，而且效率高、成本低。相关企业可以在孟缅两国偏远地区参与建设具有工期短、投入小、优势大的离网新能源系统，通过对生物能、太阳能的综合利用，实现区域独立发电、分户独立发电以及单个设备独立供电，帮助孟加拉国和缅甸解决偏远地区用电难题。

印度也十分重视新能源的开发利用。2009 年印度政府出台《尼赫鲁国家太阳能计划》，制定了到 2022 年使太阳能发电达到 2 万兆瓦的目标。处于孟中印缅经济走廊核心区的印度东北部太阳能和风能资源都相当丰富，具备良好的开发条件。中国的新能源技术发展日新月异，对风能和太阳能利用进展很大，是世界上风电发展最快的国家，光伏发电增长强劲。中印两国政府对双方的能源合作已达成一定的共识。两国曾在2013年5月签署的《联合声明》中专门提及能源合作，双方表示要在新能源、可再生能源、清洁能源、民用核能等领域开展合作。2013年10月中国国家能源局与印度能源部在辛格总理访华期间专门签署了中国在印度设立"中国能源设备服务中心"谅解备忘录，指出两国要在中印战略经济对话机制下积极开展能源合作。因此，中国的能源企业可以通过直接投资、技术转让和产品出口等方式，积极参与印度东北地区太阳能和风能开发，扩大中印两国能源合作领域，为孟中印缅能源合作夯实基础。

2. "4－X" 合作机制下的项目选择

（1）"4－2" 机制下推进缅甸29个电站的开发建设

为确保缅甸人民2030年都用上电，2016年2月2日，中缅两国政府正式确认，在民盟政府执政期内，由我国企业开发建设18个水力发电站项目。至此，我国企业在缅甸共获得29个水力发电项目的开发权。在中缅两国已确认开发的18个项目中，5个项目正式签署了开发协议，其余项目签署了谅解备忘录。这些水力发电项目，大部分为萨尔温江项目，部分为恩梅开江支流南柏勒江、南玛江及瑞丽江项目。为尽快推进这些项目的开发建设，并为孟中印缅经济走廊建设产生示范带动作用，可以考虑将这些项目纳入孟中印缅经济走廊建设框架中以“4－2”合作机制进行开发建设。

（2）“4－2”机制下缅甸小其培电站民生用电示范区建设

小其培电站位于伊洛瓦底江上游干流恩梅开江与一级支流其培河交汇区，由中电投云南国际电力投资有限公司开发建设，装机量为99兆瓦，年发电量为5.99亿千瓦时。在2012年缅甸政府军和克钦独立军的冲突中，小其培电站曾遭到破坏。2013年9月，小其培电站恢复发电，并相继向其培市和密支那地区供电。考虑到小其培电站所在地以及周边城市严重缺电，我方可利用孟中印缅经济走廊建设框架下的“4－2”合作机制来协助缅甸扩大周边地区的电网建设，进一步扩大小其培电站向缅甸城乡的供电范围。通过建设小其培电站民生用电示范区，使更多的缅甸百姓获得切实的电力保障，提高缅甸民众对我国能源企业和我国投资的认可度和支持度。

（3）“4－2”机制下对缅甸、孟加拉国的电网改造与建设

缅甸和孟加拉国的电网改扩建工程浩大，涉及输电、配

电、变电建设等各个环节，对设备、技术、管理等各方面要求都较高。我国可以在孟中印缅经济走廊建设框架下利用“4－2”合作机制积极参与缅孟两国的电网改扩建工程。近期，可先从缅孟两国的电网改扩建着手，根据缅孟电力发展的需求，争取与缅孟合作，率先开展仰光、曼德勒、达卡的电网改造项目，帮助这些城市实施电网入户改造工程，以此提高电力输送能力，降低电力传输损耗率，使更多民众能感受到中缅、中孟能源合作项目带来的实惠，促使当地民众的对华民意能在较短时间内发生较为明显的转变。

（4）“4－2”机制下对印度农村微电网建设

印度的很多乡村地区至今仍无法获得正常的电力供应，印度主要通过发展小型微电网改善乡村供电。这可以作为孟中印缅经济走廊建设框架中“4－2”机制下中印双边能源合作的切入点，以积极响应中印两国政府对开展能源合作的号召。我国可组织相关企业、部门积极参与印度的微电网建设，以小促大，为双方进一步开展能源合作奠定基础。可以通过以下三种方式进行：一是对印度需要发展微电网但缺乏资金的乡村进行投资；二是有技术优势的企业可以通过在太阳能光伏利用上的优势，以技术入股，与印度本土企业合作；三是对印度微电网对外招标项目积极投标，参与承建印度农村的微电网。

（5）“4－1”机制下对缅甸钦敦江水电站开发合作

作为电力需求大国，印度也一直希望从水电丰富的邻国缅甸进口电力。2008 年 9 月，印度和缅甸签署了项目合作谅解备忘录，共同在钦敦江上建设德曼迪（Htamanthi）水电站和瑞实耶（Shwesayay）水电站。德曼迪水电站装机容量为 1200 兆瓦，瑞实耶水电站装机容量为 600 兆瓦，预计总投入为 30 亿美元。这两个水电站都位于印缅边界附近的缅甸钦邦内，从运输距离上来看具有一定优势。但因双方对利益分配无法达成一致，印度认为很难收回投入，2013 年两国政府经商议将两个项目暂停。目前，缅甸已经将这两个电站纳入了未来水电开发规划之列。我国可以从中协调，将此项目纳入孟中印缅经济走廊建设框架中，利用“4－1”合作机制将其作为中印缅三国合作开发的水电项目，延续三国在中缅油气管道上的多边合作。一方面可以减轻印度和缅甸的资金压力，另一方面可以减少缅甸对双边合作的疑虑。通过“4－1”机制的三方合作，促成缅甸将钦敦江的水电输往印度东北部，减少印度未来对中国与缅甸能源合作的阻碍。

（6）“4－1”机制下孟印缅三国天然气管道合作项目

1997 年孟加拉国首先提出了修建缅甸—孟加拉国—印度天然气管道（The MBI Pipeline），这条天然气管道长 900 公里，造价10亿美元，可输送50亿立方米的天然气。通过该管道，孟加拉国可以将其在孟加拉湾的SWE气田生产的天然气运送至缅甸若开邦，东转进入印度特里普拉邦，再转入孟加拉国的婆罗门巴里亚（Brahmanbaria），穿过孟加拉国，直达杰索尔（Jessore），最终进入印度西孟加拉邦。这一管道可以有效降低运输成本，却从项目提出开始就遇到各种障碍。据媒体报道，尽管缅甸和印度政府表示出了浓厚的兴趣，但孟加拉国历届政府没有批准该项目，也未与印缅达成协议。2005年1月，孟加拉国民族主义党组阁，与缅甸和印度就能源领域的合作签署了谅解备忘录。然而在商讨进一步推进天然气管道建设时，孟加拉国政府提出了扭转印孟贸易不平衡等条件，使谈判陷入僵局。我方可以积极协调，将该项目纳入孟中印缅经济走廊建设框架下“4－1”合作机制中，促成孟印缅三国天然气管道项目的重启，以进一步夯实次区域的能源合作。

（7）“4－0”机制下孟中印缅四国新能源科技培训合作

新能源的开发利用已得到孟中印缅四国的共识，但需要掌握高新科技，次区域新能源合作离不开技术和人才支持。目前，孟加拉国、印度和缅甸的新能源人才培养尚不能满足市场快速发展的需要，尚未形成支撑新能源产业化发展的科技服务体系。我国在新能源技术与应用上较孟加拉国、印度和缅甸有相对优势。考虑到孟印缅发展新能源对技术和人才的需求，我国可以提出在孟中印缅经济走廊建设框架内利用“4－0”合作机制率先开展孟中印缅四国的新能源科技培训合作，为今后的新能源合作建立基础和条件。可依托云南的中国—东盟教育培训中心新能源与可再生能源科技培训中心和云南省沼气工程技术研究中心等现有的培训机构，加强与孟印缅三国在新能源技术上的交流与合作，为孟印缅提供更多的新能源技术人才，同时提高我国新能源技术与产品标准在孟中印缅经济走廊内的影响和认可度。

（三）产业园区合作

1. 需求分析

产业园区作为产业集聚体，其本质是一种高度专业化的生产网络，是由大量高度集中的核心产业、相关产业和互补产业基于地缘关系、产业链、供应链、技术链和创新链等在特定地理空间范围内所形成的一种高度专业化的生产网络。作为产业基地的产业园区应具有专门化特征并内含高度专业化的生产网络。在国际生产分割的条件下，专业化生产网络的形成对直接推动产业的高度集聚以及外向发展能力提升起到了非常重要的作用，因此产业园区是推动特定产业高度集聚与外向发展能力提升的重要途径。产业园区建设可以为孟中印缅各方企业开拓彼此市场、扩大相互投资创造便利条件，促进各国产业结构优化升级，提升产业协调性和贸易互补性，缩小双方贸易不平衡的状况。同时，产业园区还可以吸纳当地居民就业，提高当地居民收入，帮助该地区尽快脱贫致富。无论是“一带一路”愿景与行动计划还是孟中印缅经济发展的构想，产业园区都是推进国际经济合作的重要一环。孟中印缅经济走廊的顺利推进，不仅要依靠产业园区的建设与完善，更重要的是加强外向化功能的嵌入（如政府的出口导向政策、保税与投资激励等）来推动外向型产业在区域内的产业合作。此外，加快出口加工区、综合保税区等发展，可以促进孟中印缅经济走廊中的地方专业化生产网络与全球生产网络的对接与整合。

孟中印缅四国在经济发展中十分重视产业园区的建设，四国已经在利用产业园区发展外向型产业方面获得宝贵的经验与教训。印度在北方邦、哈里亚纳邦、安德拉邦、古吉拉特邦等建设现代化工业园区，并已邀请中国公司在印度建立“国家投资和制造业园区”，以缩小印度对华贸易逆差。孟加拉国已在达卡、蒙哥拉、库米拉、乌特拉等地设立 7 个出口加工区，2012 年 4 月，孟经济区管委会决定在蒙哥拉省、锡拉杰甘杰省、吉大港安瓦拉、吉大港米尔索拉、毛尔维巴扎尔省等 5 个地区建设经济园区。缅甸正在运营的工业区有 19 个，在建的妙瓦底工业区项目已完成 90%，预计将于 2017 年正式运营。

2015年缅甸又着手建设6个新工业区，包括曼德勒省雅达娜蓬工业区、内比都工业区、若开邦蓬那尊工业区、克伦邦普亚东素工业区、克伦邦妙瓦底工业区和掸邦南混工业区。分享这些经验与教训，有助于孟中印缅相关地区的产业园区成为承接国际产业转移与技术吸收的有效平台，形成经济走廊内国家构建产业分工体系和参与亚洲生产网络的重要方式。

根据孟中印缅经济走廊构想与方案，依据相关重要节点城市和沿线地区现有的资源禀赋和产业结构，在农业、石油化工、基础产业原材料、汽车与装备制造、家电轻纺、电子信息、商贸物流、文化旅游、商业服务等具体领域展开有效的产业合作，构建专业化和综合化的产业园区，为孟中印缅次区域开展产业合作提供承载特色产业发展的空间载体，特别是有利于促进我国与孟印缅三国的产能合作。可以考虑在四国交通沿线、中心城市、商贸节点市镇布局产业园区，重点在云南的昆明、大理、瑞丽、保山，缅甸的腊戌、曼德勒、密支那，孟加拉国的科克斯巴扎尔、吉大港、达卡和印度的加尔各答等地建设一批生物医药、装备制造、钢铁、电子信息、纺织、印染、食品机械、农产品加工及其配套产业、化工业和矿产业及其加工业园区。同时，规划布局一批物流中心、旅游集散中心、金融中心，重点在昆明、曼德勒、皎漂、吉大港、杰索尔、达卡、加尔各答、因帕尔等重要交通运输枢纽，建设一批物流中心；依托昆明国际休闲度假区、大香格里拉、曼德勒佛教胜地、蒲甘历史古城、科克斯巴扎尔海滩风情、达卡古代人文建筑和加尔各答名胜古迹等，构建精品旅游路线，打造区域性国际旅游集散地；依托昆明、瑞丽，建设区域性国际金融中心等。

2. “4－X”合作机制下的项目选择

（1）“4－2”机制下皎漂工业区建设

缅甸共有 9 个国内港口，即仰光港、实兑港、皎漂港、丹兑港、勃生港、毛淡棉港、土瓦港、丹老港、高东港。其中皎漂港位于缅甸若开邦的皎漂县，拥有通向缅甸全国的公路、民用航空和民用船码头，是 150 年前英殖民地的英国皇家海军军港。皎漂半岛西邻印度洋，岛西北端至东部航道是优良的天然避风避浪港，自然水深 24 米左右，可航行、停泊 25 万～30 万吨级远洋客货轮船。目前，缅甸最大的仰光港仅能停泊万吨级的船舶，已明显不能满足缅甸对外经济贸易的发展需要，且受天然水深所限，仰光港不具备再扩容扩建的条件。鉴于近年来缅甸中部、北部和西北部的资源开发进程，今后几年缅甸的出口物资将急剧增长，包括木材、矿产品、石油天然气等大宗物资，缅甸急需一个大型港口，交通部门计划在皎漂附近的马德岛上建设 30 万吨深水码头，以改善缅甸海运设施不足的困境，促进缅甸的外贸发展和经济对外开放。建成后的皎漂港将是缅甸最大的远洋深水港，将在孟加拉国的吉大港、缅甸的仰光港和印度的加尔各答港间的水路交通中转方面发挥重要的作用。

结合中缅双方的需要，中缅油气管道项目的港口终端由原来的实兑港改为皎漂港。缅方计划在油码头的基础上，把皎漂建成大型综合港口，承担缅甸以及由中国西部地区输往欧洲、非洲和中东物资进出口的物流任务。2015 年 12 月 29 日，缅甸议会高票通过了皎漂经济特区项目，并确认了特区项目开发面积共 4289.32 英亩。缅甸计划在皎漂经济特区建设中借鉴中国深圳蛇口工业区和上海外高桥保税区等经验，先利用物流和口岸效应，带动产业培育。缅政府已组织各部门代表团加快对中国相关样板特区的考察和学习。2015 年 12 月 30 日缅甸皎漂特别经济区项目评标及授标委员会（BEAC）宣布中信企业联合体中标皎漂经济特区的工业园和深水港项目。工业园项目占地 1000 公顷，计划分三期建设，2016 年 2 月开始动工；深水港项目包含马德岛和延白岛两个港区，共 10 个泊位，计划分 4 期建设，总工期约 20 年。皎漂工业区与中缅昆明—皎漂铁路建设、皎漂港建设及中缅油气管道四者是相互配套的项目，是我国国家战略不可分割的有机构成部分。可以考虑将皎漂工业园和深水港项目作为孟中印缅经济走廊框架下的建设项目。

（2）“4－2”机制下中缅密支那境外经贸合作区建设

密支那是缅甸北部克钦邦首府和最重要河港及史迪威公路上的贸易中心，位于伊洛瓦底江上游支流迈立开江西岸，公路南经八莫可达中国云南省畹町，北经葡萄城可抵中国西藏，是纵贯南北的仰光—密支那铁路线终点，与缅甸全国最大的玉石产地孟拱有铁路相通，具有重要的战略地位。在缅甸密支那地区建设境外经贸合作区，除了地势因素外，必将引入一大批企业投资，对当地丰富的矿产、林业资源进行合理科学的开发、加工、综合利用，既能发挥我方的资金、技术、人才、管理等优势，所生产的商品还可以通过缅甸向中国或者其他第三国出口，缩小双方的贸易逆差，带动当地生产技术、劳动就业的提高。对于促进缅甸的经济发展，深化中缅经济合作，带动云南保山等沿边地区的对外开放良性发展将会起到积极作用。此外，还将成为缅北经济开发的榜样，具有示范作用。密支那境外经贸合作区建设能充分发挥密支那作为腹地城市和资源供给地的职能效益，并将成为中缅综合出境陆路通道的重要枢纽。

密支那境外经贸合作区初步规划建设四大功能区，即密支那生态工业园区、密支那森林新城区、伊洛瓦底江沙滩旅游度假区、生态保护区。其中工业园区规划 5 个片区：矿石加工片区、木材加工片区、玉石加工片区、装配制造片区、农经合作片区。由于密支那毗邻云南省的保山市，密支那设立境外经贸合作区的各项前期工作一直由保山市在积极准备。2012 年 8 月，由保山市商务局牵头，相关部门及企业组成了保山市商务代表团就该事宜出访了缅甸克钦邦，与缅甸克钦邦总理吴拉琼南赛、边境事务与安全及商务部等 9 个部长、秘书长就在密支那设立境外经贸合作区等事宜进行了友好磋商。克钦邦政府总理吴拉琼南赛对我国在密支那设立境外经贸合作区事宜给予了充分认可，表达了克钦邦愿与保山市共同在密支那设立境外经贸合作区的合作意向。目前，双方按程序积极向上申报，争取早日设立密支那境外经贸合作区。保山市在 2013 年 12 月的《保山市人民政府关于推动商务跨越发展的意见》中明确提出，“力争到 2016 年，猴桥边境经济合作区、缅甸密支那境外经贸合作区基本建成，保税仓库、保税物流中心等配套项目建设取得实质性突破。”鉴于此，我国应积极推动密支那境外经贸合作区的建设，考虑在孟中印缅经济走廊建设框架中以“4－2”的双边合作模式加以推进。

（3）“4－2”机制下孟加拉国吉大港 IT 工业园区建设

中国曾正式向孟方提议在吉大港卡纳普里河南岸建设特别经济区，便于中国工业企业投资孟加拉国。该项提议是在孟加拉国寻求中国资金建设卡纳普里河河底隧道时提出的。孟加拉国政府计划在河底建设长 3.4 公里的四车道隧道，以缓解吉大港卡纳普里地区交通状况，该工程将耗资 7 亿美元。中方已答应为项目提供资金支持，前提是孟批准建设中国工业园区，并表示中国推动建设工业园区的主要原因是孟廉价的劳动力。孟总理府要求桥梁局研究中国的该项提议。中国内地和香港合资的中国交通建设公司和奥雅纳（Arup）咨询联合公司就该项目开展了可行性研究，并于2013年6月向孟加拉国桥梁局递交了报告。2015年6月30日中孟两国正式签署投入资金达7.05亿美元的卡纳普里河河底隧道建设协议。借此良机，中方应积极推动将该工业园区的建设提上议程，考虑纳入孟中印缅经济走廊建设框架下以“4－2”机制加以推进；也可以利用印度在IT产业方面的优势，考虑吸纳印度参与合作，共同打造吉大港IT工业园区。

（四）农业合作

1. 需求分析

农业合作是建设孟中印缅经济走廊的重要内容，是四国合作中接地气、促民生的益民工程，其最终目的是共同发展农业、农村经济，改善农民生产生活条件，加快农村扶贫、国际援助和农村减贫步伐，改善和保护区域生态环境，实现各国和地区农业可持续、互利共赢发展。

从资源禀赋上看，孟中印缅农林渔业资源均十分丰富，自然条件优越，合作空间很大。印缅两国土地资源人均占有量较高，是世界最大的粮食生产国和输出国之一，大米、玉米、豆类品质好，在国际市场上独具竞争力。孟印缅三国森林资源丰富，除木材外，还有竹类、藤类、药材和珍稀动植物。缅甸在大米、玉米、林业、渔业方面都具有突出优势；孟加拉国渔业资源丰富，水产品种类繁多；印度比较有特色的是摩拉水牛、辣椒、甘蔗、茶叶等。从市场前景看，孟中印缅市场开发潜力巨大，不仅可以互通有无，在农业良种选育和粮食、林木、畜牧、水产等特色农产品的进口贸易上合作，还可以在高产栽培技术、农副产品加工及农业综合规划等方面展开合作。不过，孟印缅三国特别是孟缅的土地利用和生物资源开发还处于初级阶段，农产品加工普遍存在加工技术与设备落后、规模小、品牌多而杂和物流水平低等问题，难以形成整体竞争优势，要立足于本国资源发展特色农产品加工业，仍有漫长道路要走。

孟印缅三国对加强农业国际合作的需求迫切，需要进一步拓展农业发展空间，特别是通过对农业资源的广度和深度开发合作，以发展农业特色产业生产基地、特色农产品加工园区、国际贸易物流中心，培育新兴支柱产业和出口创汇基地，以促进各国农业资源优势互补，不断增强农业发展活力。我国具有相对较为先进的农业生产技术，在良种开发利用、病虫害防治、农业机械使用、农产品加工、咖啡、茶叶种植等方面具有优势。我国与孟印缅的农业合作应以各方的优势产业为基础和特色，开展合作。可以规划布局建设一批现代农业合作科技示范基地，重点在云南的保山、瑞丽，缅甸的木姐、实皆、马圭，孟加拉国的科克斯巴扎尔、吉大港、达卡以及印度的因帕尔、锡尔杰尔等地建设一批粮食种植基地、橡胶等经济作物基地、畜牧水产养殖基地、农业科技示范基地等。

2. “4－X”合作机制下的项目选择

（1）“4－2”机制下缅北现代农业示范区建设

在继续支持缅北替代农业有序发展的同时，我国应抓紧落实《缅甸联邦共和国掸邦政府与中国云南省临沧市人民政府关于农业合作备忘录》和《缅北农业开发合作区建设规划》，支持云南省的边境州市如临沧市、德宏州、保山市推进与接壤的缅北地区建设农业开发合作区、农业示范园区，推动边境州市先行先试，发挥示范和带动作用。可以考虑将这些项目在孟中印缅经济走廊建设框架下以“4－2”合作机制在中缅之间展开。缅甸政府高层对于把克钦邦密支那以北至德乃地区合作开辟为甘蔗种植园区并进行深加工的建议非常感兴趣，近期可率先考虑该项目的推进。

（2）“4－2”机制下中缅边境畜牧业跨境合作区

为加强边境重大动物疫病监测预警，有效维护边境畜产品安全，促进农产品贸易发展，云南省农业厅、各地州市应与缅方加强沟通交流，选择适宜地区，积极推动在中缅边境地区建设畜牧业跨境合作区。合作区可包括种草养畜示范区、屠宰加工区、生产科技引领示范区等功能区。通过孟中印缅经济走廊建设框架下的“4－2”合作机制，开展畜牧生产科技示范、加强动植物疫情信息交流，加强防控药物研发合作，建立起中缅边境动物疫病联防联控工作机制，确保中缅两国的畜牧业生产安全和人民生命安全，并进一步深化畜牧兽医部门间的对口合作，开展畜牧兽医科技人员培训，实现畜牧生产技术信息共享。

(3) “4－0”机制下孟中印缅四国联合建立农业科技研发中心

孟印缅三国对于运用农业科技提升传统农业的需求在日渐增长，我国与周边国家开展农业科技合作的潜力巨大，可以通过孟中印缅经济走廊建设框架下的“4－0”合作机制，建立四国间的农业科技研发中心，实现合作各方互利共赢。针对孟印缅国家面临的农业资源评价、新品种选育、优质高产栽培、植物保护等问题，我国相关部门特别是云南省农业厅、科技厅等应组织和激励省内农业院校、研究所和相关企事业单位发挥技术和研发优势，积极推动在昆明建立孟中印缅农业科技研发中心。与孟印缅共同开展新品种选育、有机栽培、特色农业种养技术等研究应用，集成生物、信息等现代新技术改造和提升传统农业，推进其产业化经营，共享最新农业技术成果与经济效益，为次区域的农业合作奠定良好基础。

（五）旅游合作

1. 需求分析

旅游业是国际公认的贸易壁垒最少的行业，是天然的国际化产业，在对外开放合作中，发挥着排头兵、推进器和先导产业的作用，是国际区域经济合作的最佳引爆点。相对于其他领域的合作，旅游合作的门槛较低，合作难度较小，合作见效快，是更易推动的合作领域。在孟中印缅经济走廊建设中，可以将旅游作为合作的优先领域和先导领域，进行先行先试。

旅游业均是孟中印缅四国经济发展的重要引擎，四国均十分重视旅游业发展，并将其作为国民经济的支柱产业。旅游业现已成为印度第二大服务行业，中国西南部、印度北部和东北部以及孟加拉国和缅甸的旅游资源十分丰富，为次区域旅游合作创造了很好的基础条件。孟中印缅四国国情各异，制度不同，宗教信仰也不一样，而且各国的语言、习俗、传统服饰、饮食及地域也存在巨大差异，各国均拥有自己独特的地域文化、历史遗产及自然人文旅游资源，互补性较强，旅游合作的空间很大。

当前，孟中印缅四国开展旅游合作的愿望十分迫切。2013年10月在昆明举行的中国国际旅游交易会上，孟加拉国国家旅游局与云南省旅游发展委员会签署了《旅游合作谅解备忘录》。双方确定共同开展市场营销活动，对双方旅游经营者间开展的互动给予支持，共同开发团队旅游行程，共同探讨对旅游行业进行投资的可能性以及加强专家互访、旅游宣传材料交流等，谋求双方的互惠互利发展。2014年9月，习近平主席和印度总理莫迪共同决定中印两国在2015年、2016年互办旅游年。2015年5月15日中印两国签署《中华人民共和国国家旅游局与印度共和国旅游部关于旅游合作的协议》。根据协议，中国国家旅游局与印度旅游部将建立联合工作机制，加深在旅游业信息共享、酒店和旅行社业务、旅游人力资源开发和可持续发展等领域的合作。2015年6月11日，中印在昆明举行经贸旅游合作论坛，云南省旅游发展委员会与印度西孟加拉邦签署了旅游合作协议。2015年11月13日中国国际旅游研讨会暨中印旅游论坛在昆明举行，进一步深化了中印两国的旅游交流与合作。

2. “4－X”合作机制下的项目选择

（1）“4－3”机制下大理旅游合作示范区建设

2014年年初，大理州政协把打造大理旅游文化升级版课题研究工作列为年度重点工作。通过积极争取，云南省政协将其纳入了年度总体工作，并由省政协主席罗正富担任课题组总顾问，启动研究工作。5月，罗正富率队到大理开展实地调研，对大理旅游转型升级提出要求。6月，省政协办公厅、研究室、云南省特色产业促进会与州政协以及州级相关部门领导、专家学者组成联合课题组，通过深入调研形成了《建设大理孟中印缅经济走廊旅游合作示范区规划思路研究》。7月，省政协以课题研究成果为依据，形成了《关于建设大理孟中印缅经济走廊旅游合作示范区的建议》专报省委、省政府。8月初，省政协召开专家评审会，课题研究成果顺利通过评审。随后，大理州委、州政府将建设大理孟中印缅经济走廊旅游合作示范区纳入了《发展大理旅游产业的实施意见》。同时，大理州向省委、省政府上报了《关于在大理州建设孟中印缅经济走廊旅游合作示范区的请示》，并请求省委、省政府向国家争取更高层面的支持。目前，建设大理孟中印缅经济走廊旅游合作示范区得到学术界、经济界和社会各界的高度认同。可以在孟中印缅经济走廊建设框架下以“4－3”合作机制先期启动大理旅游合作示范区，为在孟印缅三国分别建立旅游合作示范区做出示范带动作用。

（2）“4－0”机制下构建孟中印缅旅游圈

2008年，云南省提出了构建“孟中印缅旅游圈”的设想，即在未来5～10年，孟中印缅地区通过建立连接四国间相邻的主要旅游目的地的空中航线和陆路交通干线，围绕旅游产品的开发、旅游线路的开辟、旅游市场的开拓，加强相关保障机制的建立，构建以缅甸北部、西部和印度东部、东北部以及孟加拉国和中国云南省为核心的旅游合作圈，实现打造统一旅游目的地、建设交通方便快捷和人员过境便利的旅游区，实现孟中印缅次区域旅游市场共同繁荣的目标。目前，次区域跨境旅游精品线路较少，未能彰显次区域旅游特色，需要四国共同研究、设计凸显四国特色的旅游产品和旅游线路。2015年6月11日，中印在昆明举行经贸旅游合作论坛，双方官员达成共识，要着力构建孟中印缅旅游圈。该项目可作为孟中印缅四国在经济走廊建设框架下以“4－0”机制共同推进的合作项目。

（六）金融合作

1. 需求分析

经济走廊建设的一大目的就是实现区域的互联互通，这需要加强基础设施建设，不断消除贸易壁垒，促进贸易、投资便利化，而大部分大型基础设施建设和经贸重点合作领域的投资项目，资金需求量大且投资周期长，都迫切需要各方开展金融领域的合作。同时，加强区域金融合作能够降低区内贸易和投资的汇率风险和结算成本，增强抵御金融风险的能力。因而，金融合作是区域经济发展的重要推动力，是实现区域经济在更大范围、更广领域、更高层次深化合作的润滑剂。加强孟中印缅次区域金融合作，更好地发挥金融在跨境区域资源流动和产业协作分工中配置资源和调节市场的作用，是切实助推孟中印缅经济走廊建设的重要突破口。孟中印缅次区域金融合作的不足使各国之间的经贸往来面临较大障碍。例如，由于当前银行未加挂缅币汇率、缅币兑换业务范围受限等原因，中缅交易双方不得不依赖于“民间兑换点”（俗称“地摊银行”）进行货币兑换，汇率基本掌握在民间兑换大户手中，这在增加换汇成本的同时，带来了很大的资金安全隐患。因此，加强我国与孟印缅三国的金融合作，探寻适合本区域的投资融资方式，是促进经济走廊建设的重要驱动力。

孟中印缅经济走廊建设迫切需要跨境金融合作提供强有力的支撑。党的十八届三中全会提出包括加快自由贸易区建设和扩大内陆沿边开放在内的一系列战略举措，2013 年 11 月 21 日，中国人民银行等 11 个部委办联合印发《云南省广西壮族自治区建设沿边金融综合改革试验区总体方案》，这些利好政策都为孟中印缅经济走廊建设开展金融合作提供了有力支撑。

孟中印缅区内金融合作应注重以下几点：第一，侧重宏、微观层面金融合作。就目前区域内各成员国经济趋同性来看，不具备开展高层次金融合作的条件，应先从微观层面和较低层次的宏观层面入手。第二，加强功能性金融合作。功能性金融合作主要是为了弥补不发达的金融业在支持实体经济发展上的功能欠缺和解决某些具体问题而进行的金融合作，合作成本小，阻碍因素少，较为可行。目前孟中印缅区域内功能性金融合作已经有部分成效，可继续推进。第三，加大贸易投资合作。金融领域合作与实体经济合作之间是相辅相成相互促进的，通过贸易和投资的初期合作带动金融合作，再通过金融合作促进各国贸易和投资融合。在当前合作初级阶段，应积极寻求贸易投资合作上的新突破。

2. “4－X”合作机制下的项目选择

孟中印缅经济走廊框架下的金融合作，应先以“4－2”机制推进双边金融合作，可以中缅金融合作为切入点。首先，需构建两国高层金融战略合作机制。我国政府应审时度势，主动突破国际不利因素的影响，坚持与缅方政府对话和接触，尽快建立起高层次的双边金融战略合作长效机制。通过定期互访、对话等固定合作机制，为中缅金融合作搭建平台扫清障碍，探索途径，夯实基础。其次，应积极搭建中缅金融合作平台，尽快签订中缅跨境清算的框架协议，并根据实际需要逐步丰富合作内容，实现从单边跨境结算向双方互开往来账户的突破，解决人民币与缅币兑换的瓶颈问题。再次，推行人民币“走出去”政策。利用缅甸市场逐步对外开放和投资限制大幅减少的优惠政策和措施，鼓励中国大型企业加大对缅投资力度，帮助缅甸推进通信网络、交通水利等基础性、战略性设施建设，通过大型项目建设带动人民币跨境结算的发展，促使缅甸官方主动接受人民币；利用我国成熟的经营管理模式、现代化银行支付体系等，形成合力帮助缅甸尽早建立现代化支付结算系统，为两国银行实现跨境“通存通兑”夯实基础。最后，双边联手规范“民间货币兑换市场”。我方应按照“政府主导、行业协会自理”模式，成立人民币与缅币兑换交易协会，以协会方式初步将现有“民间兑换商”聚集起来，实行统一管理，之后将符合条件的会员与特许机构挂靠，再探索建立集银行、特许机构为一体的沿边货币兑换平台，满足不同层次市场需求的人民币与缅币兑换询价报价、价格撮合、资金清算等金融服务需求。

顺应贸易发展的现实需要，以云南沿边金融综合改革试验区建设和人民币加入特别提款权为契机，可以把云南瑞丽市与缅甸木姐市建成两国的金融合作试验区，并按同城管理，建立试验区同城清算体系。尝试以某一商业银行为牵头和组织单位，成立试验区跨境同城清算组织，并实现会员制管理。构建姐告—木姐人民币缅币自由流通货币区。借鉴绥芬河卢布使用试点模式，允许缅币在姐告自由流动，通过主权货币的适度让步，赢得缅方政府的信赖，在此基础上，向缅政府提出人民币在木姐自由流动的诉求，从官方层面认可人民币在缅甸的合法地位，最终形成姐告—木姐人民币缅币自由流通货币区，借此完善人民币和缅币之间的汇率形成机制，促成人民币与缅币直接汇率的形成，逐步削弱国际黄金价格、美元汇率等对缅币和人民币汇率形成的影响力。

（七）项目选择时序

综合上述的项目选择，依据项目的示范性和带动能力，初步确定近期（2016～2020 年）和中远期（2021～2030 年）启动的项目，详见表 1－1。

表 1－1　“4－X”机制下孟中印缅经济走廊建设项目的选择时序

	合作机制	近期启动项目	中远期启动项目
交通基础设施互联互通	“4－2”	瑞丽—木姐、腾冲—猴桥—密支那、孟定—清水河—腊戍、打洛—景栋跨境高等级公路	曼德勒—马圭—吉大港高速公路
		曼德勒—穆德—莫雷—因帕尔、密支那—雷多高等级公路	景洪—勐海—打洛—景栋—南桑、保山—猴桥—密支那跨境铁路
		阿加尔塔拉—马托布迪高等级公路	密支那—班哨跨境铁路
		昆明—皎漂铁路	
	“4－1”		重建史迪威公路
	“4－0”	边境口岸等通关便利化	
	“4－3”	昆明长水国际机场扩建	芒市、景洪、思茅等机场改造，密支那、八莫、皎漂国际机场

续表

	合作机制	近期启动项目	中远期启动项目
能源合作	“4－2”	缅甸29个电站的开发建设	
		缅甸小其培电站民生用电示范区	
		仰光、曼德勒、达卡的电网改造	缅孟电网改扩建
		印度农村微电网建设	
	“4－1”	中印缅钦敦江水电站开发	
			孟印缅三国天然气管道合作
	“4－0”		孟中印缅新能源科技培训合作
产业园区合作	“4－2”	皎漂工业区	
			中缅密支那境外经贸合作区
		孟加拉国吉大港IT工业园区	
农业合作	“4－2”	缅北现代农业示范区	中缅边境畜牧业跨境合作区
	“4－0”		孟中印缅农业科技研发中心
旅游合作	“4－3”	大理旅游合作示范区	
	“4－0”	孟中印缅旅游圈	
金融合作	“4－2”	瑞丽—木姐跨境金融合作试验区	

第二部分

孟中印缅经济走廊建设早期收获项目及云南的参与

一 早期收获的相关理论与国际经验

（一）早期收获的概念与实践

1. 早期收获的概念

早期收获（Early Harvest Program）的概念具有狭义与广义之分。狭义的早期收获是一个与 WTO 有关的概念，意即“提前降低关税”，指签订以降低关税为主要安排的贸易协定的两国或地区，在协定生效期之前，可针对一些关键产业，选择一些共同感兴趣、互补性强的商品，以较快速度和较大幅度率先进行互免关税或优惠市场开放条件的协商，协商完成者先执行。中国与东盟、中国与巴基斯坦、海峡两岸之间业已签署的“早期收获”协定均属于狭义的早期收获。

广义的早期收获是指参与全球或区域经济合作的国家及地区，在具备一定的有利条件与合作基础的情况下，在关税减让、非关税壁垒撤除、贸易便利化、投资与商贸流通、交通互联互通、可持续发展、人文交流以及能源、知识产权和争端解决机制等方面率先取得一致或促成实质性合作。通过取得先期成果，使各参与方早日享受到框架协议带来的好处，并对后续的全面深化合作带来积极影响。孟中印缅经济走廊建设是一个涉及多领域合作的系统工程，单纯地降低关税税率并不能给地区内各国带来明显的先期成果和建设成效。因此，孟中印缅经济走廊早期收获应是围绕交通基础设施建设、贸易与投资合作、能源合作、农业合作、人文合作、旅游合作等多领域展开的广义的早期收获计划。

2. 早期收获的实践案例

（1）中国—东盟早期收获

根据 2002 年 11 月签署的《中国与东盟全面经济合作框架协议》，中国与东盟于 2004 年 1 月 1 日正式启动了早期收获计划。早期收获计划是在中国—东盟自贸区框架下最先实施的降税计划，是中国—东盟自贸区的组成部分。尽管当时中国与东盟还没有就全部货物的降税安排达成协议，但为了使双方尽早享受到自贸区的好处，树立建立中国—东盟自贸区的信心，双方决定选择一些共同感兴趣、互补性强的产品，用较快的速度和较大的幅度提前进行降税，先行开放市场，对部分产品实施“早期收获”计划。

早期收获计划涵盖的产品范围主要是《海关税则》第一章到第八章的产品，主要类别如下：（1）第一章，活动物；（2）第二章，肉及可食用杂碎；（3）第三章，鱼；（4）第四章，乳品、蛋、蜜等；（5）第五章，其他动物产品；（6）第六章，活树及其他活植物；（7）第七章，蔬菜；（8）第八章，水果。详见表2－1。①

表2－1 中国—东盟早期收获产品的税目数

单位：种

序 号	国 别	数 目
1	文 莱	597
2	柬 埔 寨	539
3	印度尼西亚	595
4	老 挝	406
5	马 来 西 亚	599
6	缅 甸	579
7	菲 律 宾	214
8	新 加 坡	602
9	泰 国	581
10	越 南	547
11	中 国	593

资料来源：中华人民共和国商务部：《中国—东盟自贸区的试验田：早期收获计划》，http：//www. mofcom. gov. cn/aarticle/Nocategory/200507/20050700180151. html。

由于各种早期收获产品的现行实施税率不同，而按照规

① 中华人民共和国商务部：《中国—东盟自贸区的试验田：早期收获计划》，http：//www. mofcom. gov. cn/aarticle/Nocategory/200507/20050700180151. html。

定，这些产品的最终税率均要为零。为保证降税进程更为平稳，双方商定，将早期收获产品按其在2003年7月1日的实施税率分成三类，按照不同的时间表进行削减和取消关税。同时，为体现对柬埔寨、老挝、缅甸和越南4个东盟新成员国的照顾，各方允许他们以较慢的速度降税，享受更长的过渡期。

作为中国—东盟自贸区的试验田，早期收获计划不仅有效地促进了中国与东盟之间货物贸易，特别是农产品贸易的增长，而且表明了建立中国—东盟自贸区是一项正确的选择。它的成功实施增强了中国与东盟各国建设自贸区的信心，为未来实施中国—东盟自贸区的各项协议奠定了良好的基础。

（2）中巴早期收获

2005年4月，中巴两国签署了《中华人民共和国政府与巴基斯坦伊斯兰共和国政府关于自由贸易协定早期收获计划的协议》。中巴早期收获计划借鉴了中国—东盟自贸区的建设经验，为使双方提早收获自贸区关税削减成果，在中巴自贸区建设初期先行对部分产品实施降税计划。降税模式比照中国—东盟"早期收获"安排的产品降税模式。

根据协议，中方可享受巴方提供的486种产品的零关税待遇，主要涉及蔬菜、水果、石料、纺织机械和有机化工品。中方将向原产于巴基斯坦的769种产品提供零关税待遇，主要涉及蔬菜、水果、石料、棉坯布和混纺布。双方将于2006年1

月 1 日起实施降税，将在 2 年内分 3 次降低关税，到 2008 年 1 月 1 日全部降为零。除此之外，中方将对原产于巴基斯坦的 1671 个 8 位税目产品实施优惠关税，平均优惠幅度 27%。巴方将对原产于中国的 575 项 6 位税目产品实施优惠关税，平均优惠幅度 22%。

中巴早期收获协议的成功签署使双方企业及早从自由贸易协定中受益，进而增强了双方政府推进自由贸易协定全面建设的信心。

(3) 海峡两岸 ECFA 早期收获

2010 年 6 月 29 日，海峡两岸签署了具有特色的经济合作框架协议（Economic Cooperation Framework Agreement，ECFA)，开启了两岸经贸关系正常化、制度化、自由化的新时期。为加速实现《海峡两岸经济合作框架协议》目标，海峡两岸同意对《海峡两岸经济合作框架协议 · 附件一》所列产品实施早期收获计划。根据 ECFA 规定，货物贸易早期收获已于 2011 年 1 月 1 日开始实施，服务贸易早期收获应在框架协议生效后尽速实施。

在货物贸易领域，根据 2011 年关税实施方案，大陆方面对台降税产品项目数将由 539 项调整为 557 项；同时，大陆方面在与台方协商一致的基础上，发布了适用于 ECFA 早期收获产品的特定原产地规则以及原产地相关操作程序，确保了符合条件的台湾产品顺利享受优惠关税待遇。在服务贸易领域，大陆方面继2010年10月28日实施了5个部门服务贸易早期收获开放措施后，加快完成了其他服务贸易早期收获开放承诺的实施准备工作，于2011年1月1日正式实施其余6个部门的服务贸易早期收获开放措施，即专业设计服务、医院服务、民用航空器维修服务、银行服务、证券服务、保险服务等。

ECFA框架下早期收获计划是世界上第一个包含服务贸易的早期收获计划，也是开放程度相当大的早期收获计划，特别是与中国—东盟框架协议的早期收获计划相比，后者不包含服务贸易，且仅包含了1.6%的双边货物贸易。ECFA框架下的早期收获计划充分考虑到两岸的经济条件，逐步减少或消除关税壁垒，体现了长远、互惠务实的战略眼光。实践表明，ECFA早期收获的成功实施，有效地促进了两岸之间的货物贸易，拓展了两岸服务业的发展空间，优化了两岸产业合作结构，增强了两岸深入合作的信心。

（4）WTO多哈回合谈判早期收获

自2001年11月在卡塔尔首都多哈决定开始WTO新一轮多边贸易谈判以来，多哈回合谈判历经十余年陷入僵局，导致作为WTO三大核心机制之一的多边谈判能力受到严重削弱。但是这种局面在2013年5月出现了转机。新任WTO总干事罗伯托·阿泽维认为多哈回合谈判取得全面成果并不容易，但在以海关制度的便利化为突破口取得阶段性进展是可能的。2013年10月，罗伯托·阿泽维敦促WTO谈判委员会争取在贸易便利化、农业和发展三个议题上率先达成共识，即早期收获。2013年12月，WTO第九次部长级会议在印度尼西亚巴厘岛顺利举行。会议最后就早期收获达成一致，通过了《巴厘一揽子协议》，这被认为挽救了多哈回合。其中，多哈回合早期收获的最大成果《贸易便利化协定》达成了实质性意向。该协定内容丰富，在贸易便利化方面具有突破性的进展。作为多哈回合早期收获达成的唯一一部完整的协定，《贸易便利化协定》将大大推动多哈回合谈判和贸易进一步便利化和自由化，影响到各国海关制度，乃至贸易制度的改革。

（5）欧盟、北美自由贸易区等其他形式的早期收获

欧盟（EU）、北美自由贸易区（NAFTA）、南部非洲开发共同体（SADC）自由贸易区计划等其他形式的早期收获主要体现在发展过程的演变、关税的逐步减免等过程。

欧盟的发展是一个长期的动态的整合过程，从1957年至2003年经过46年的努力，欧盟以经济区域化为龙头，通过各成员国之间的相互合作，从欧洲煤钢共同体、关税同盟到共同农业政策，从欧洲货币体系到统一大市场和欧元的正式流通，欧洲经济一体化逐步完成了由经济一体化的低级形式向高级形式演化的过程。

北美自由贸易区于1994年1月1日正式成立。在关税方面，在15年内取消所有的关税和进口限制，实现资本、货物的自由流动。鉴于某些商品的敏感性，关税减让表采取分阶段实施的原则，在美加墨三国9000种商品中，约50%商品的关税立即取消，15%商品的关税在5年内取消，其余的大部分商品的关税在10年内取消，少数商品的关税在15年内取消。

南部非洲开发共同体自由贸易区计划于2000年9月1日正式批准建立。根据协议，各成员国将分3个步骤削减关税：约60%的贸易产品将在计划启动第一年全部减免关税。纺织品、服装、汽车和皮革制品等非敏感性贸易产品的关税于2008年之前削减为零（这两项合计占全部贸易产品的85%）。2012年前将最终完成减免食糖、牛肉和鱼类等敏感性产品的关税。

（二）早期收获对孟中印缅经济走廊建设的启示

1. 孟中印缅经济走廊早期收获应建立在利益共同体的基础上

孟中印缅经济走廊的建设与发展需要建立在共同的利益需求之上。孟中印缅经济走廊是建立在四国共识的基础上的，是为共同的利益和目标而构建的经济合作机制。走廊沿线总覆盖面积约165万平方公里，覆盖人口约4.3亿，直接辐射东亚、南亚、东南亚、中亚几大市场，占据有利的地缘战略位置。[①]经济走廊建设有助于孟中印缅地区建立共同市场，释放彼此所需的经济利益需求。作为世界第二大经济体，中国拥有广大的消费市场，对外投资能力不断增强，对孟印缅三国的IT产品服务、资源、能源、农产品等有巨大需求。印度对中国的光学仪器、汽车及零部件、家具等产品需求旺盛。同时，中印同为发展中大国，有着巨大的能源需求。缅甸丰富的石油、天然气资源和尚待开发的水力资源，孟加拉国大量的天然气资源等将为孟中印缅四国加强能源合作提供契机。缅甸是全球最大的翡翠出产国，同时还盛产宝石，林木、矿产等自然资源丰富。中印可以为缅甸的资源开发及经济发展提供急需的资金、技术和市场。纺织服装业是孟加拉国的支柱产业，中印可以为其提供发展所需的纺织机械、原材料以及出口市场。

各种利益的均衡分配与共享是建立孟中印缅经济走廊早期收获的关键。巴厘岛WTO部长会议的“早期收获”建立在各方12年艰苦谈判后达成的普遍共识之上，反映了各方利益的相对平衡。各方在谈判过程中顾全大局，照顾彼此关切的问题，体现了世贸组织大家庭众志成城、共克时艰的“决心和

① 张力、彭景：《“孟中印缅”地区合作机制：推动因素与制约因素》，《南亚研究季刊》2005年第1期，第17页。

力量”。孟中印缅早期收获只有在追求本国利益的同时兼顾他国的合理关切，在谋求本国发展的过程中促进各国共同发展，积极构建相互舒适的战略伙伴关系，共同打造地区利益共同体和命运共同体，才能使经济走廊建设取得更多的实质性进展。

2. 孟中印缅经济走廊早期收获应立足于产业优势的互补与发挥

孟中印缅经济走廊需要建立起实现利益需求的互补产业。孟中印缅经济走廊大约包括世界将近6.7%的人口，占世界经济总量的2%左右，属于经济欠发达地区。依托本地区的地缘经济优势，密切产业合作，才能充分实现孟中印缅走廊沿线的经济发展潜力。目前，中国已经进入了工业化中期阶段，而印度、孟加拉国、缅甸工业化仍然处于起步阶段。中国制造业强大，已成为世界新的制造业中心，被称为“世界工厂”，而印度以服务外包和IT产业为主的现代服务业发展成就举世瞩目，已形成比较优势，被称为“世界办公室”。缅甸、孟加拉国的矿产、海产品、林木等资源丰富，工业化水平低，制造业对GDP的贡献率不高，其经济增长潜力巨大。中印之间的贸易往来主要是商品贸易，中国出口印度的商品以增加值较高的工业制成品居多，而印度对华出口则以矿产品等初级产品和原料、资源性产品为主，这就形成一种商品的互补结构。此外，中国与孟印缅签署的投资保护协定，也有利于充分发挥孟中印缅经济、贸易、投资等方面的合作潜力。

孟中印缅经济走廊早期收获应以产业合作为支撑。孟中印缅经济走廊建设需要以产业合作为支撑，以产业园区建设为抓手，充分利用各国在区域经济中国际分工的比较优势，促进各国生产力合理布局、资源配置合理高效、获取贸易和竞争收益。孟中印缅四国必须对相互间的产业发展状况、产业布局、产业结构特点、产业关联程度、产业政策、产业配套及产业发展趋势进行全面研究，根据产业空间合理布局，区位比较优势，市场聚集效应、特色化、差异化以及环保优化的原则，提出在四国选择建设产业园区的设想和建议。按照产业链接和相关度原则，产业聚集和集约化的原则，产业合作和可持续发展的原则建设产业园区。同时也要对拟建的产业园区在经济走廊中的功能定位、作用和预期及投资环境做出评估。孟中印缅经济走廊早期收获在规划和建设的过程中，必须结合自身特点优势，找到基础设施建设、物流合作等方面的突破口，抓紧实施一批具备现实可能性的重大项目，共同打造互补的产业链，为加快走廊沿线地区发展提供有力支撑，才能使孟中印缅经济走廊早期收获取得应有的建设成效。

3. 孟中印缅经济走廊早期收获需要深化交通基础设施合作

交通基础设施落后、各国间连通性差是孟中印缅经济走廊早期收获面临的突出问题。四国之间缺乏便捷通达的交通条件，现有的交通基础设施条件在短期内仅能勉强满足孟中印缅经济走廊过境交通运输需求。具体地说，当前孟中印缅经济走廊沿线交通基础设施的建设与连通主要存在以下问题：首先，四国对国际便利运输公约重视不足，认识不够，没有签署《过境运输框架协议》。且只有中国和印度加入了《泛亚铁路网政府间协议》这一公约，严重地制约了孟中印缅走廊地区的人员交往和物流运输。其次，孟中印缅四国目前实行的双边过境运输协议对经济走廊地区过境车辆、货物和人员的限制太多，不利于提升次区域贸易。再次，目前孟中印缅四国的公路、铁路网自成体系，道路、桥梁施工标准不一，有缺失路段和边界管理设施落后等问题。要形成互联互通、便捷的地区性交通网络需要新建和改造不少路段，所需资金巨大[①]，交通基础设施的建设面临较大的融资困难。在此背景下，孟中印缅四国要想使经济走廊成为深化彼此间互利合作的利益纽带，加快走廊内要素的自由流动，就必须进一步加快推进陆运、水运、航运等基础设施建设，夯实“五通”[②] 中道路连通的重要内容，深化走廊沿线的交通基础

① 刘稚：《建设第三欧亚大陆桥面临的困难和问题初析》，《第三欧亚大陆桥西南通道建设构想》，社会科学文献出版社，2009，第 134 页。

② 习近平总书记在 2013 年上海合作组织峰会期间，围绕“丝绸之路经济带”构想，提出加强政策沟通、道路联通、贸易畅通、货币流通、民心相通的“五通”举措。

设施合作。

交通基础设施建设合作是一项长期的过程，在早期收获的过程中需要循序渐进、统筹规划。孟中印缅经济走廊在交通领域的早期收获建设规划，需要综合考虑不同运输方式间的分工、配合与互补，结合需要与可能，按轻重缓急作出安排。优先在现有基础上进行联通和改善，扩大路网规模，增强通过能力。然后，完善配套工程，提高路网等级，实现互联互通，形成“通边达海、连接周边”的规模运输能力。

加强商贸物流领域的沟通与协调，积极探索实施客货运输通关便利化措施。孟中印缅经济走廊在交通领域的早期收获的过程中，还应加强与周边国家协调，实施客货运输通关便利化措施，积极发展商贸物流业，促进人员和物资的跨境流动，争取早日实现孟中印缅客货运输的便捷直通业务。一是参照大湄公河次区域过境客货运输便利化示范项目的实施经验，启动孟中印缅过境运输便利化磋商谈判，适时制定并实施孟中印缅四国区域客货过境运输便利化协议。在孟中印缅区域选择若干重点口岸，如姐告—木姐、德木—莫雷、科克斯巴扎尔等地实施区域内客货过境运输便利化试点，推进通关便利化，积累经验后加以推广。二是推进沿线国家、口岸、城市在检疫检验、出入境、海关通关制度以及技术标准、专利、知识产权等方面的沟通与合作。推进四国检验检疫实行一站式服务，促进四国间的检验检疫手续相互认证。三是完善口岸管理政策，加快边境口岸建设步伐，增强口岸的集聚和扩散功能。加强口岸公路和铁路建设，简化通关手续，创建安全、高效、便利的通关环境，促进经济走廊各国人员交往及旅游的便利化，提高口岸发展的整体效益。

4. 孟中印缅经济走廊早期收获需要积极消除各类贸易与投资壁垒

孟中印缅经济走廊涉及的各国各方在资源、条件、人力、技术、财力、设施等方面各不相同、差异很大，四国之间的经济合作还处于低水平阶段。除中缅之间的经济关联度较高外，其余国家间的经济体量和合作潜力远不相称。从贸易来看，印度、缅甸由于政治和体制等原因，国内市场对外开放有诸多壁垒和限制，在不同程度上制约着相互贸易的发展。尤其是印度、缅甸为了保护国内相关产业，对中国商品设置了各种各样的贸易壁垒，例如通过征收较高关税、实施进口配额，以及其他技术性贸易壁垒，限制中国产品进口。在通关、结算、商检、仲裁等方面法律体系不完善，规定各不相同，手续烦琐。从投资来看，四国都将吸引外资作为加快经济发展的重要战略，在吸引国际资金方面相互处于竞争态势。中国发展较快，企业实力提升迅速，走出去发展的愿望日益强烈，但印度对来自中国的投资限制较多，而且印度政府体制运转效率低，投资环境较差。从旅游来看，孟中印缅旅游资源十分丰富，均拥有世界一流的旅游资源，地域和民族文化差异性大，互补性强，相互拓展旅游市场的潜力很大。但印、缅两国对国外游客交通、景区景点门票费用较高，同时，相互宣传和了解不足，旅游企业间缺乏深度合作。

孟中印缅经济走廊早期收获需要采取措施，积极消除各类贸易与投资壁垒。一是进一步改善孟中印缅四国彼此之间进出口贸易商品结构较为单一的现状，从农产品、海产品、乳制品、医药、旅游业、纺织产品、皮革制品、黄麻、珍珠等方面寻找推动四国进出口贸易新的增长点，促使四国彼此之间的贸易商品结构走向多元化、合理化。二是扩大相互投资规模。加大宏观指导力度，出台相关鼓励政策，引导云南省有实力的企业到孟、印、缅三国进行投资，同时也应放宽对孟印缅三国外资的市场准入，鼓励三国企业进入云南市场，完善云南对外经贸服务体系。三是支持昆明建成面向以孟印缅三国为重点的周边国家的区域商品贸易枢纽和金融中心，扩大与孟印缅货币互换规模，扩大云南省与孟印缅三国经济技术合作和金融合作。四是加强四国会展业合作，继续办好南博会，扩展合作内容，将孟中印缅经济走廊作为重要内容之一，策划专题、主题贸易投资活动。在云南举办孟中印缅农业博览会等展会活动。

5. 孟中印缅经济走廊早期收获应充分重视非经济因素的影响与制约

政治互信、次国家政府等非经济因素已成为孟中印缅经济走廊建设取得实质性进展的重要影响因素，也是经济走廊早期收获必须面对的“软环境”。在早期收获的前期规划与具体建设过程中，必须充分重视这些因素的影响和作用，认真做好相关的预案和应对机制。

政治互信是孟中印缅经济走廊早期收获得以实施的重要前提。孟中印缅经济走廊的建立在一定程度上存在着主权让渡的现象，但作为国家的核心利益，主权的让渡是十分敏感和困难的，需要以国家间友好的政治关系和高度的相互信任为保障。经济走廊印度段建设的切实推进首先要求相关各方的政治互信取得实质性发展，突破传统安全观念的阻碍。目前，中印两国在领土、贸易平衡等问题上存在着分歧，印度对华心态复杂、敏感。孟中印缅经济走廊建设对中印两国而言，最大的制约因素仍是政治互信问题。印度与中国同为“孟中印缅论坛”机制中的大国，对机制的态度和在其中的影响至关重要。过去印度之所以较其他三国表现得较为被动和消极，一方面是由于中印边界问题一直未能解决；另一方面是因该机制直接关涉的印度东北部是印度在政治、安全和经济上都比较敏感的边境地区。近年来中印两国关系虽有所改善，但历史结怨、边界纠纷、政治互信的趋势在很大程度上也妨碍着两国经济、贸易、人文交往的全面推进。此外，缅甸局势的走向对孟中印缅经济走廊建设可谓至关重要。缅甸民选政府自 2011 年 3 月上台以来，在大力改善与西方国家关系的同时，对华政策进入摇摆期，已给中国在缅投资带来巨大冲击。另外缅甸改革的局势自身也存在不确定性。尽管 2014 年 11 月 18 日，缅甸联邦议会议长吴瑞曼明确表示，在选出新一届议会前不会修宪。该决定阻挡了全国民主联盟（民盟）主席昂山素季的总统竞选之路。但民盟力量的崛起，缅甸权力的转移，缅甸政治转型后的内外政策必将发生重大变化。这些不确定性都可能影响到缅甸对孟中印缅经济走廊建设的态度。中印之间以边界问题等为核心的地缘政治关系以及域外势力通过各种渗透手段排挤中国与缅甸的合作等地缘政治角力一定程度上制约了孟中印缅经济走廊早期收获的建设与发展。

次国家政府的能力和权限不足是制约孟中印缅经济走廊早期收获的重要因素。孟中印缅经济走廊建设参与地区虽然是承担经济走廊建设实践的实施主体，但经济走廊建设的战略规划及发展走向总体上是属于中央政府管理的事务。地方政府作为次国家政府没有直接与外国政府商谈并签署走廊建设协议的权力。在具体的项目规划及谈判的过程中，地方政府的影响力有限。由于孟中印缅经济走廊建设涉及海关监管、检验检疫、政府外交等全局性、政策性多方面的问题，还涉及国家主权及利益冲突等敏感性问题，其建设也需要庞大的资金支持。这些问题的解决均需要相应的能力和权限做支撑。云南受到自身经济实力、外事权限不足等因素制约，若没有中央政府的有力支持，将很难全面地有效地参与孟中印缅经济走廊早期收获的规划建设。

（三）早期收获对孟中印缅经济走廊建设的意义

1. 早期收获作为突破口，可以有效推动孟中印缅经济走廊的建设与发展

孟中印缅经济走廊涵盖了世界将近6.7%的人口，但占世界经济总量只有2%左右，仍属于经济欠发达地区。由于历史和地缘政治、地缘经济等原因，该区域存在交通基础设施建设明显滞后、产业发展辐射带动能力不足、贸易壁垒制约因素较多、各类安全因素影响突出等现实挑战。孟中印缅四国经济情况复杂，文化差异巨大。因此，建设孟中印缅经济走廊涉及面广，建设时间长，不可能一蹴而就，需循序渐进、先易后难、突出重点，从点到线再到面逐步推进。必须集中人力、物力、财力在重点领域、重点项目、重点地区率先突破。早期收获因为具有投入小、见效快、成果具体等特点，在孟中印缅经济走廊规划和建设的过程中，可以作为促进四国加强经济合作的

“突破口”。通过早期收获的示范作用，可以由小及大，由点及面，为逐步推动孟中印缅经济走廊建设创造有利条件。同时，早期收获也可以向外界表明孟中印缅经济走廊建设开始迈出实质性的一步，具有重要的象征意义。

2. 早期收获作为试验田，可以有效减少孟中印缅经济走廊建设的不确定性

孟中印缅经济走廊提出以后，利益相关各方从各自的立场出发，相继提出了很多版本各异的制度设计和规划建设方案。但是，经济走廊建设是一个涉及多个领域合作的系统工程，在其建设形成的过程中，既具有因果性又具有一定的不确定性。在中国参与南宁—新加坡经济走廊、GMS经济走廊建设的过程中，曾出现了广西航空港码头等产能过剩、GMS口岸通关便利化严重滞后的问题，主要原因就在于跨境经济走廊建设前期规划过程中缺乏先行先试，没有相关的“早期收获”计划。从而导致理论与实际出现“脱节”，对经济走廊建设可能出现的浪费和挫折缺乏预判。因此，在孟中印缅经济走廊建设的规划与前期建设过程中，应积极引入早期收获计划，开辟相应的“试验田”先行先试。早期收获所取得的经验和教训可以为后续全面深化孟中印缅经济走廊建设提供理论指导与实践依据。同时，因为投入成本低，建设成效快，早期收获在其实践过程中具有较好的“灵活性”，不仅

可以更加贴近孟中印缅经济走廊建设的实际环境，还可以根据建设成效适时对其建设方案、推进步骤等进行适当调整，从而可以有效地减少孟中印缅经济走廊建设面临的不确定性。

3. 早期收获作为先期成果，可以提高孟中印缅各国之间深入合作的积极性

孟中印缅经济走廊作为一个跨境经济合作机制，其顺利推进需要充分调动四国政府、工商界、金融界等各方面的积极性。积极性的强弱将直接影响到孟中印缅经济走廊能否取得实质性进展。要调动各方积极性，就应该充分了解各方需求，据此提出合作意见，才能形成合作共建的态势。孟中印缅经济走廊的建设过程是一项长期的系统工程，不能等走廊建设完成后才谈"收获"和"利益共享"，而在建设之初有合适的项目就应着手去做，在经济走廊建设的早期让各方体会到建设带来的好处，这样更有利于提高积极性。孟中印缅经济走廊早期收获所取得的经济效益和社会效益等先期成果可以给相关地区的民众和企业带来实质性的利益和好处，从而有利于汇聚共识、夯实经济走廊建设的民意基础，有效地增强各国间深入合作的信心和积极性，从而为未来实施经济走廊建设的各项协议奠定良好的基础。

二 孟中印缅经济走廊建设实施早期收获项目的有利条件和合作基础

（一）孟中印缅经济走廊建设实施早期收获项目的有利条件

1. 政治关系的不断改善为孟中印缅经济走廊早期收获提供了基本前提

中国与孟印缅三国的政治关系得到不断改善和深化。早在2005年时任国务院总理温家宝访问印度时，中印两国就建立了“战略合作伙伴关系”。近年来，在“战略伙伴关系”指导下，中印两国关系不断取得突破。尤其是2013年中印两国总理实现了自1954年以来首次年内互访，开启了两国关系发展的新征程。进入21世纪，中国和孟加拉国的关系也不断取得进展，2010年3月孟加拉国总理哈西娜访问中国时，两国发表了《联合声明》，将两国关系性质提升为“更加紧密的全面伙伴合作关系”。1988 年缅甸新军人政权上台以来，中缅关系迅速发展。两国政治关系不断深化，在经济领域开展了全方位的合作。2011 年，中缅两国宣布建立全面战略合作伙伴关系。

印度在“东进政策”下与孟缅两国的政治关系不断得到强化。1993 年以来，印度开始对缅甸开展“回头外交”，调整对缅政策，从理想主义回到了现实主义。经过 20 年的发展，印缅关系已经获得了巨大的发展。缅甸大选后，印度对缅甸的大选持肯定态度，对缅甸新政府的成立表示欢迎，并给予了积极评价。2012 年 7 月 27 日，时任印度总理辛格访问缅甸，成为 25 年来首位访问缅甸的印度总理，有力地推动了两国关系的发展和深化。孟加拉国有两大政党，即人民联盟和民族主义党。人民联盟希望对印度采取务实外交，并对恐怖势力采取强硬措施，而民族主义党倾向于对印度采取强硬政策。印度比较喜欢人民联盟的世俗化倾向，认为这可以使印度的周边地区更加安全，还可以在打击非传统安全方面与其开展合作。自 2009 年 1 月人民联盟执政以来，孟加拉国与印度的关系已明显好转，两国在反恐、边境纠纷、水资源、运输和能源等各领域都进行了协商与合作。

缅甸和孟加拉国政治关系也不断发展。由于地理相近，加之具有共同的历史经历，缅甸和孟加拉国一直是友好邻邦。尤其是2002年12月17日缅甸军政府丹瑞大将访问孟加拉国、孟加拉国总理回访缅甸后，两国在各个领域都加强了合作。2007年7月，缅甸和孟加拉国就修建25公里公路连接签署了协议。两国还计划在缅孟边境地区缅方一侧的东彪镇建立边境贸易区，该贸易区与孟加拉国的岗丹地区相接壤。缅甸和孟加拉国还通过国际海洋法法庭裁决的方式圆满解决了2008年引发的海域争端，为两国关系的顺利发展扫除了障碍。孟缅两国都表示要遵守和落实国际海洋法法庭的裁决，强化相互之间的关系。

2. 合作愿望的日益增强为孟中印缅经济走廊早期收获提供了内在动力

目前，孟中印缅四国都处在发展经济、消除贫穷和改善民生的关键阶段，面临加快经济转型升级的紧迫任务。在国际区域经济一体化和经济全球化共同发展的大趋势下，孟中印缅面对国际金融危机的冲击以及新一轮全球产业竞争，都需要挖掘自身潜力，实现优势互补、共同发展，都有强烈的参与经济走廊建设的愿望。

2005年4月时任国务院总理温家宝访问孟加拉国，双方发表的《中孟联合公报》指出："加强交通领域合作，双方同意开通中国北京经停昆明至孟加拉国达卡间的空中直航，致力于最终建立中国昆明至孟加拉国吉大港间的陆路联系。”①2010年3月，孟加拉国总理哈西娜访问中国，双方发表的《中孟联合声明》也指出，“双方同意加强两国交通联系，继续探讨建设连接中国和孟加拉国公路的可能性”，“双方同意继续加强在区域合作中的沟通与协调，同意继续积极参与和推进孟中印缅地区经济合作进程”②。2013年6月26日，中国交通运输部副部长冯正霖在达卡与孟加拉国交通部部长赛义德·阿布·侯赛因举行工作会谈。双方重点就加强两国交通运输领域全面合作深入交换意见。侯赛因感谢中方对建设该经济走廊的重视。他表示，当前区域互联互通合作势头良好，孟方愿与中方一道，积极协调其他两国，尽早启动该公路的建设。2013年7月1日中国外交部王毅部长在文莱斯里巴加湾会见孟加拉国外长莫尼时表示，孟中印缅经济走廊是中国同周边互联互通以及东亚与南亚相互对接的重点项目，希望中孟与有关国家积极配合，使该项目早日启动。莫尼表示，孟方希望借鉴中国发展的成功经验，同中方加强合作。孟方将积极支持和参与孟中印缅经济走廊建设。2013年9月24日王毅部长在纽约联合国总部会见孟加拉国总理哈西娜时表示，中国新一届政府高度重视

---

① 新华网：《中国和孟加拉国政府发表联合公报》，http：//news. xinhuanet. com/world/2005－04/08/content_ 2805970. htm。

② 新华网：《中华人民共和国与孟加拉人民共和国联合声明》，http：//news. xinhuanet. eom/polities/2010－03/19/content——13205582. html。

发展对孟关系，愿与孟方共同努力，密切高层往来，深化务实合作，加快孟中印缅通道等大项目建设，推动两国关系不断取得新进展。哈西娜表示，发展孟中友好关系是孟朝野共识，孟方感谢中方长期以来对孟经济社会发展给予的大力帮助，将坚持对华友好，奉行一个中国政策，加快通道建设，深化务实合作。

2006 年 11 月，时任国家主席胡锦涛访问印度，双方发表的《联合宣言》提出了充实和加强两国战略合作伙伴关系的“十项战略”。其中，在第七项战略“促进跨边境联系与合作”中指出，“双方对孟中印缅地区经济合作论坛建议组织的加尔各答—昆明（经过孟加拉国和缅甸）公路汽车赛表示欢迎”。2010 年 12 月时任国务院总理温家宝访问印度，双方发表的《中印联合公报》指出，印方欢迎中国企业参与印度的公路、铁路等基础设施建设。双方鼓励两国企业扩大相互投资与工程承包合作，妥善处理经贸摩擦和分歧，共同反对一切形式的保护主义。2013 年 5 月 4 日，印度财政部长奇丹巴拉姆在亚洲开发银行举办的第 46 届年会上呼吁：“希望亚洲开发银行成为连接印度、孟加拉国、缅甸和中国经济走廊的合作伙伴。”2013 年 5 月李克强总理访问印度以及 10 月时任印度总理辛格访问中国，双方正式提出推进孟中印缅经济走廊建设。2014 年 9 月，中印双方签署了铁路合作备忘录和行动计划，中国将帮助印度升级老化的铁路系统，还将为 100 名印度铁路技术官员提供重载运输方面的培训。双方将在车站再开发、在印建立铁路大学等领域开展合作，同时，印方愿积极考虑与中方合作建设一条高速铁路。①

中国与缅甸也一直在推进通道建设。2010 年 5 月 18 日，时任中国交通运输部部长李盛霖与缅甸国家和平与发展委员会第一秘书长丁昂敏乌在缅甸首都内比都举行会谈，双方就加快实施中缅交通基础设施互联互通工程中的具体合作项目交换了意见。双方表示，将加快构建高效便捷的运输通道，为两国经济的发展与繁荣、人民生活的改善作出积极努力。同年 6 月时任国务院总理温家宝在内比都与缅甸总理吴登盛举行会谈时表示，下阶段双方要规划好重点合作领域和项目，加快推进基础设施互联互通，如期、保质建成双方已商定的能源、交通等大型项目。中方愿继续为缅甸经济社会发展提供力所能及的援助。2013 年 4 月，习近平主席在海南省三亚市同缅甸总统吴登盛举行会谈时表示，双方要推动两国经贸合作持续发展，中方鼓励和支持中国企业参与缅甸国家建设，希望双方密切配合，确保惠及双方的重大合作项目顺利实施。吴登盛表示，缅方期待着同中国新一届领导集体保持交往，推进互利合作，落实好有关项目，推动缅中全面战略合作伙伴关系取得新进展。同年 8 月在昆明举行的首届中国云南—缅甸合作论坛上，双方就推进

① 新京报：《中印联合声明：考虑合建一条高铁》，http：//finance. ifeng. com/a/20140920/13131071_ 0. shtml。

孟中印缅经济走廊建设、通关便利化、经贸合作、民间交往等进行了广泛交流。缅甸驻昆明总领事吴丁温表示，孟中印缅经济走廊对于云南和缅甸来说又是一次崭新的商机，“孟中印缅经济走廊的建成，不仅能促进中缅、滇缅的合作，更能以两方带动四方”。2013 年 8 月 28 日，中国外交部长王毅会见了来华出席中国—东盟特别外长会的缅甸外长温纳貌伦。王毅表示，中缅应着力抓好重大经贸合作项目，积极推进基础设施互联互通，探索构建孟中印缅走廊。温纳貌伦表示，缅中经贸关系惠及双方，缅方愿与中方加强重大项目、互联互通等方面合作，共同维护边境稳定。同年 10 月李克强总理在文莱会见缅甸总统吴登盛时说，新形势下，中方愿与缅方把握好两国关系的大方向，加强各领域务实合作，为两国睦邻友好关系不断注入新动力。

3. 经贸合作的不断扩大为孟中印缅经济走廊早期收获提供了物质条件

（1）产业合作优势互补

孟中印缅四国在产业合作方面有很强的互补性，合作空间非常广阔。印度有着强大的科学和工程能力，其软件开发服务发展迅猛，而中国国内市场广阔，制造业发达。印度正不断加大对制造业的投入，制定了国家制造业发展战略，力争到 2022 年将制造业产值在国内生产总值中所占比重从目前的 16% 提升到25%。中国制造享誉世界，在制造业积累了大量资源和宝贵经验，能够帮助包括印度在内的周边国家提升制造业水平。[①] 另外，孟加拉国、缅甸都有着其自身的矿产资源优势，以及丰富的农业原材料等重要资源。这些国家劳动力资源十分丰富，且成本较低，具有较强的竞争力，是潜在劳动密集型制造业基地，可以为我国产业结构调整提供适宜转移的市场。

（2）经贸合作成果丰硕

经过多年努力，中国与缅孟印三国的经贸合作领域不断拓宽，合作规模不断扩大，而且合作内容日益丰富，合作形式日益多样化。云南省与周边国家的经贸往来也在不断增长。近年来，孟中印缅四国经贸合作大幅度增加。中国与印孟缅贸易额从2000年的44.53亿美元上升到2012年的818.95亿美元。云南与印孟缅的贸易额也从2000年的4.16亿美元上升到2012年的28.03亿美元。投资和工程承包领域，2000年以来四国相互投资显著增长。2000年中国对孟印缅完成的承包工程营业额为4.08亿美元，2012年达到103.53亿美元。2003年中国对孟印缅的直接投资为156万美元，2012年达到4.08亿美元。[②]

---

① 中华人民共和国驻印度共和国大使魏苇：《中国将是印度经济腾飞的机遇》，印度《经济时报》，http：//www.fmprc.gov.cn/ce/cein/chn/sgxw/t1159519.htm。

② 中国广播网：《四国政府正式建立孟中印缅经济走廊合作机制》，http：//news.cnr.cn/native/city/201312/t20131219_514445622.shtml。

(3) 经贸合作潜力巨大

孟印缅三国都是成长中的潜在大市场。随着这些国家外向型经济的发展，国民收入不断增长，中产阶层规模不断扩大，消费市场发展潜力巨大。目前，孟加拉国与缅甸都急欲吸引外国直接投资以协助其实现工业化，并将基础设施建设列为优先发展的领域之一，未来我国与孟缅在电力、电信、交通等基础设施领域存在较多的投资与合作机会。同时，孟加拉国是“南亚经济合作联盟”的成员国，享有“南亚优惠贸易安排”，我国企业还可以通过在孟投资进入巴基斯坦等南亚市场。由于孟加拉国、缅甸是最不发达国家，其出口产品在欧、美、日、加、澳等国家享受免关税、免配额等优惠贸易待遇。我国在孟缅投资企业生产的产品可绕过有关国家贸易壁垒进入其市场。孟中印缅四国加快经济走廊早期收获，建立起互利互惠的战略合作关系，不仅有利于密切双边、多边投资和经济联系，推进这一地区经济合作，而且将促进东南亚、南亚、中国三大区域市场相互融合，进而推动整个亚洲区域内市场的形成。

4. 人文交流的日益密切为孟中印缅经济走廊早期收获提供了有力支撑

“民心相通”是建设孟中印缅经济走廊的重要环节。在孟中印缅四国政治互信不断提高、经贸往来日趋活跃的同时，人文交流的日益密切为经济走廊早期收获的可持续发展提供了有力支撑。

（1）加强人文合作的意愿不断增强

2014年5月，中孟签署了《中华人民共和国政府和孟加拉人民共和国政府文化合作协定2014年至2017年执行计划》。《执行计划》对中孟两国2014年至2017年的文化、艺术和文化遗产等方面的活动安排做了说明，包括双方互派文艺界人士代表团到对方国家进行访问，互派艺术团到对方国家访问演出，互派文物研究小组到对方国家访问，到对方国家展出本国艺术品和工艺品等。中孟双方还表示将以签署新的双边文化执行计划为契机，进一步加强两国在文化艺术、体育、教育、广播影视及媒体等领域的交流合作，不断充实两国全面合作伙伴关系的内涵，共同推动中孟友好关系的深入发展。[①] 2014年，中印将共同举办"中印友好交流年"以及和平共处五项原则发表60周年等纪念活动。同时，双方还将继续举行百人青年代表团年度互访活动。中印双方鼓励中国国家汉办与印度中等教育中央委员会加强汉语教学合作；加强两国新闻媒体交流与合作，增进两国人民相互了解和友好感情；同意举办"中印

---

① 新华网：《中国与孟加拉国签署文化合作协定新执行计划》，http://news.xinhuanet.com/world/2014－05/29/c_ 1110913982.htm。

媒体高峰论坛”。双方决定于 2014 年完成《中印文化交流百科全书》编撰工作，同意启动中印经典作品互译工程。[①] 中缅两国政府历来高度重视人文交流与合作。根据两国《政府文化交流与合作议定书》，两国文化范围内高层互访频繁，每年落实具体项目都在 30 项以上。按照两国《政府教育合作谅解备忘录》，中缅双方近年来互派留学生逐年增多，每年在缅参加汉语水平考试的人数都超过 1000 人。此外，两国政府积极落实《中国—东盟文化交流合作规划》的各项具体项目，积极参与和组织多种文化交流与合作活动，不仅有利于促进中国与东盟国家之间的相互了解，也有利于巩固和发展中缅之间的传统友好情谊。在两国政府和人民的共同努力下，双方还启动了合拍电影、电视剧等。两国人文交流与合作前景十分广泛。[②]

（2）文化产业资源优势互补

中印两国文化产业门类齐全，产业链完整，文化管理机构健全，文化遗产保护技术相对发达，文化科技软件产业具有高质量和高效率服务。孟缅文化产业初步发展，文化生产与文化

---

① 中国新闻网：《中国驻印度大使：中印人文交流无完成时只有进行时》，http：//www. chinanews. com/gn/2014/05 - 22/6202209. shtml。

② 李东航：《中缅多领域合作日益密切——专访中国驻缅甸大使叶大波》，http：//www. chinamil. com. cn/site1/zbxl/2009 - 05/27/content_ 1777854. htm。

服务水平较低，行业管理体制机制亟须完善，产业创新能力有待提高。目前区域内以文化贸易和文化博览会为主，边交会、国际图书博览会、南博会及边境民间文化交流等推进了孟中印缅文化交流与合作，四国为推进区域文化交流与文化贸易，鼓励产业经济发展，放宽外国投资规范条件，促进新技术应用。四国文化产业领域的交流合作契合了世界产业结构调整和发展趋势，对孟中印缅经济走廊建设有重要的促进带动作用。

5. 合作机制的日益完善为孟中印缅经济走廊早期收获提供了制度保障

孟中印缅地区经济合作论坛首先由学术界提出，是一个“二轨”会议。经过多年发展，后成为有官员、学者、企业界共同参加的“政府主导、多轨并行”的“一轨半”会议。1999 年孟中印缅四国学者共同发起在昆明举行了第一次会议，四国代表签署了《昆明倡议》，开始推进这一地区的经济合作和学术交流。2004 年还在昆明建立了孟中印缅地区经济合作论坛办公机构，作为联系四国的常设机构。到 2013 年，已先后在中国昆明、印度新德里（或加尔各答）、孟加拉国达卡、缅甸仰光（或内比都）召开了 11 次会议，在多个领域达成了共识，先后通过了《达卡声明》《昆明合作声明》《德里声明》《加尔各答声明》《仰光声明》《内比都声明》等一系列促进合作的“倡议”或“声明”。同时，云南作为中国参与论坛的主体，还相继推动了中国—南亚商务论坛、昆明与加尔各答国际学术会议、中国—南亚博览会、中国云南—缅甸合作论坛等会议的召开。此外，云南省与印度西孟加拉邦、昆明市与加尔各答市、云南与缅北等也建立了合作机制。这使本地区的合作机制日益完善，合作内容与形式更加丰富。2013 年 10 月 22 ~ 24 日，时任印度总理辛格对中国进行了回访，中印发表了《中印战略合作伙伴关系未来发展愿景的联合声明》，其中强调“根据两国领导人达成的共识，双方已就孟中印缅经济走廊倡议分别成立工作组”。2013 年 12 月 18 ~ 19 日，孟中印缅经济走廊联合工作组第一次会议在昆明召开，四国政府高官和有关国际组织代表出席。会议就经济走廊发展前景、优先合作领域和机制建设等进行了深入讨论，就交通基础设施、投资和商贸流通、人文交流等具体领域合作达成广泛共识。各方签署了会议纪要和孟中印缅经济走廊联合研究计划，正式建立了四国政府推进孟中印缅合作的机制。

6. 合作政策的开放务实为孟中印缅经济走廊早期收获提供了良好氛围

当前，中国正在实施新一轮西部大开发战略，同时提出了推进丝绸之路经济带和海上丝绸之路建设的“一带一路”战略新构想，孟中印缅经济走廊建设面临重大利好。党的十八届三中全会《决议》指出，抓住全球产业重新布局机遇，推动内陆贸易、投资、技术创新协调发展；创新加工贸易模式，形成有利于推动内陆产业集群发展的体制机制；支持内陆城市增开国际客货运航线，发展多式联运，形成横贯东中西、联结南北方的对外经济走廊；加快沿边开放步伐，允许沿边重点口岸、边境城市、经济合作区在人员往来、加工物流、旅游等方面实行特殊方式和政策；建立开放性的金融机构，加快同周边国家和区域基础设施互联互通建设，推进丝绸之路经济带、海上丝绸之路建设，形成全方位开放新格局。特别需要指出的是，2014年11月8日，中国国家主席习近平宣布，中国将出资400亿美元成立丝路基金。丝路基金将为“一带一路”沿线国家基础设施建设、资源开发、产业合作等有关项目提供投融资支持。孟中印缅经济走廊作为“一带一路”的重要组成部分，丝路基金的成立可以为其早期收获项目提供启动资金和融资支持。

与此同时，印度深入实施“东向”政策，积极拓展与东盟国家的合作，缅甸与孟加拉国也加大了对外开放的力度，尤其重视加强与周边国家的经济合作。四国的高层互访日益频繁，并签署了一系列推进经贸合作的文件、协议、备忘录。中国“十三五”规划纲要也明确提出要推动区域合作进程，深化同新兴市场国家和发展中国家的务实合作。孟中印缅四国的开放发展战略为经济走廊早期收获带来了巨大利好，经济走廊建设迎来了战略机遇期。

（二）孟中印缅经济走廊建设实施早期收获项目的合作基础

1. 交通建设成效显著

近年来，云南以公路、铁路、民航、航运等交通基础设施建设为重点，着力建设与周边国家和内地省区市的综合立体交通体系互联互通工程。公路方面，目前已经形成了“七入省”“四入境”的公路路网大通道。铁路方面，筹建或在建的滇藏、成昆、贵昆、南昆、云桂、内昆、渝昆铁路和沪昆高铁 8 条国内铁路线以及通往东南亚、南亚国家的中越铁路、中老泰铁路、中缅铁路、中缅印铁路 4 条国际铁路，“八入省、四出境”的铁路网络布局雏形已成。航运方面，正打造“两入省三出境”的水运通道，大力发展澜沧江—湄公河国际航运，全力建设长江黄金水道，积极开发右江—珠江水运通道，努力发展库湖区旅游航运，中越红河航运开发、中缅伊洛瓦底江水陆联运也提上了议事日程。[①] 民航方面，基本形成了以昆明长水国际机场为核心，以丽江、西双版纳、德宏机场为骨干，以其他机场为补充的连接国际、国内和省内的三级航线网络。2012 年 6 月，我国第四大门户枢纽机场—昆明长水国际机场

---

① 云南省交通运输厅：《建设“桥头堡”交通打先锋——访省交通运输厅》，http：//www. ynjtt. com/Item. aspx？ id＝1112。

开航运营，标志着云南沟通东南亚、南亚和连接欧亚的枢纽作用日益增强。[①] 未来，从昆明到加尔各答和达卡经昆明至新德里航线的开通、中缅友谊公路的修建、中缅陆水联运的启动，以及对未来各国之间公路、铁路、管道、水运交通线的连接贯通，都有望得到逐步实施。

（1）孟中印缅毗邻地区公路连接现状

一是中国昆明—缅甸仰光路段，即昆明—楚雄—大理—瑞丽—木姐—腊戍—曼德勒—密铁拉—内比都—仰光。在中国境内，昆明至瑞丽将全线建成高速公路。目前，昆（明）楚（雄）、楚（雄）大（理）、大（理）保（山）和保（山）龙（陵）已分段建成高速公路并通车。在建中的龙瑞高速公路路线（采用四车道高速公路标准建设）主要位于保山市龙陵县、德宏州芒市和瑞丽境内。主线全长128.46公里，设计时速为80公里，建设工期为4年。另外，瑞丽至陇川章凤镇高速公路于2013年9月底已开工建设。该公路的建设总里程为24.26公里，路基宽24.5米，设计时速为80公里，建设工期约为三年，预计2016年建成通车。在缅甸境内，木姐至曼德勒的路线总长451公里，是全年可通车的两车道沥青路。全长572.93

---

① 云南房网：《长水机场通航一周年空港经济区展翅待飞》，http://www.ynhouse.com/news/view－112453.html。

公里的曼德勒—仰光高速路也分两阶段建成通车，分别是2009 年 3 月通车的仰光—内比都段（355.67 公里）和 2012 年12 月建成通车的内比都—曼德勒段（217.26 公里）。除此之外，中国临沧市孟定清水河口岸至缅甸登尼（全长约 98 公里）的二级公路已于 2012 年全面开工建设。该公路已列入中缅瑞（丽）皎（漂）高速公路联络线。

二是缅甸木姐—印缅边境德穆路段，即木姐—腊戍—曼德勒—蒙育瓦—葛礼瓦—德穆。亚洲开发银行提供贷款连接印度东北部曼尼普尔和缅甸德穆、曼德勒的公路已进入评估阶段。[①] 从曼德勒到缅甸西部边境与印度接壤的德穆公路全长 604 公里，有两条路线可从曼德勒至葛礼瓦。其中，从曼德勒至蒙育瓦有铁路和公路相通，距离大约为 92 公里，此后乘船沿钦敦江北上至葛礼瓦，再由葛礼瓦沿公路北行至曼德勒，该路段路况相对较好。另外一条从曼德勒向北经瑞保、金乌转向西至葛礼瓦全长 314 公里的公路，路况则较差。印度援建的从葛礼瓦到德穆的柏油路早在 2000 年年底已贯通。

三是中国（昆明）—印度雷多路段，即昆明—保山—腾冲—猴桥黑泥潭—密支那—班绍山口—雷多。该路段就是除亚

---

① 人民网：《缅甸道路基础设施亟待升级》，http：//www.people.com.cn/24hour/n/2013/1028/c25408－23342594.html。

洲公路外，修于二战期间并投入使用的著名的史迪威公路。路线全长1200公里，其中中国境内路段约占45%，路况较好。路线全长为63.87公里的保（山）腾（冲）高速公路（除龙江特大桥外）已于2013年2月6日实现贯通放行，该路段为双向四车道，设计时速为80公里。全长为200公里的腾冲至缅甸密支那公路早在2007年4月25日就举行了通车典礼，途经缅甸的甘拜地、文莫、沃冲、拉派、昔董、五台山、赛罗、曼门、瓦晓、外莫和密支那。[①] 这条道路是中国通往印度最便捷的路径。由于缅甸密支那至印度雷多402公里的部分路段路况较差，缅甸方面正在改造这一路段。

四是孟加拉国吉大港—缅甸仰光—昆明路段。孟加拉国吉大港到孟缅边境的台格纳夫的沥青路已开通。2002年1月，孟加拉国开通了最南端的台格纳夫河港，这是孟加拉国与缅甸边境孟都之间最短距离的河道连接。2007年孟加拉国和缅甸两国在达卡签署了公路交通合作协议，从达卡经吉大港向东南经缅甸若开邦的实兑港、皎漂港北部，再向北经马圭、曼德勒，可达瑞丽、昆明，向南可至仰光。缅甸边境孟都—皎道（105公里）的公路已经完成修缮，缅甸仰光和若开省省府实兑之间的公路也依靠缅甸国内资源处在修建过程中。

---

① 云南信息港：《腾冲—密支那公路通车昆明今年握手印度》，http：//news.yninfo.com/yn/jjxw/200708/t20070813_310112.htm。

五是印度—孟加拉国路段。“亚洲公路”在印度境内段的状况相对较好，几乎全路段都铺设了两车道或者两车道以上的路面。从因帕尔到道基/塔马比尔（印孟边境）的“亚洲公路”经过蒂马浦、瑙贡、高哈蒂到梅加拉亚邦的西隆。但由于该路段穿越山岭地带，载有集装箱的重型卡车难以通行。印孟之间经过卡里姆甘吉（印度）和奥斯特拉各拉姆（孟加拉国）两地，从因帕尔至锡尔赫特的这条路路程较短，早些时候已得到印度和联合国亚太经社理事会的认定。取消这条路线可缩短从德穆（缅甸）到锡尔赫特（孟加拉国）之间400公里的路程。孟加拉国境内从道基（印度）/塔马比尔（孟加拉国）到锡尔赫特以及延伸的路段都按“亚洲公路”II级和III级标准建成了双车道沥青路。经过贾木纳河上新建的邦噶邦德大桥，“亚洲公路”便分成A1线和A2线。A1线朝西南方向经纳普尔可至加尔各答。①

（2）孟中印缅毗邻地区铁路连接现状

虽然“泛亚铁路”承担着孟中印缅四国主要铁路运输连接的作用，但尚未连接成网络。印度和孟加拉国历史上有铁路连接，但目前还未被充分利用。缅甸现阶段还未与中国（云

---

① M. 拉马图拉：《推进孟中印缅交通连接及对策建议——孟加拉的思考》，《东南亚南亚研究》2010年第3期。

南）、印度和孟加拉国建立铁路连接。但在“泛亚铁路”框架下有一系列项目正在孟中印缅诸国实施。

中国境内拟建的昆明—曼德勒铁路。该线途经大理、保山、瑞丽/木姐、腊戍。从昆明至大理（380 公里）的铁路已按标准轨距修建完成并运营。2014 年 9 月，国家发改委同意对新建大理至瑞丽铁路建设规划及总投资的调整方案，同意对高黎贡山越岭段等局部线路建设（含高黎贡山隧道）进行调整的方案。调整后的大理至瑞丽铁路正线全长 330 公里，工期 7 年，设计时速为每小时 140 公里。大理至瑞丽铁路芒市至瑞丽段已实质性开工。

缅甸境内拟建的“泛亚铁路”始于木姐，南下到东北部的腊戍、曼德勒、马圭和敏布。但从腊戍到印度接壤的葛礼瓦铁路属于米轨，而且葛礼瓦至德穆 135 公里的路段尚未实现连接。中国铁路工程总公司先后于 2011 年 4 月 27 日与 5 月 27 日与缅甸铁道运输部签署了《关于木姐—皎漂铁路运输系统项目的谅解备忘录》和《关于木姐—皎漂铁路运输系统项目谅解备忘录补充约定》，约定由中铁公司组织实施木姐—皎漂铁路运输系统项目。远期还将建设昆明—腾冲—缅甸密支那的北线铁路。①

① 证券日报：《中国中铁承建中缅铁路“大海外”战略再下一城》，http：//jjckb. xinhuanet. com/2011－06/07/content_ 315842. htm。

印度境内东北部铁路网中唯一未连接的部分是德穆至吉利布总长180公里的路段。从吉利布至印孟边境曼森已开通了米轨铁路。而拉姆丁—西尔查—吉利布等路段正在实施轨距改建工程。目前靠近孟加拉国东部的印度特里普拉邦正在修建一条从库马加—阿加尔特拉（119公里）的铁路。这条线路在修建之初是按米轨标准设计的，后改用宽轨铺设。①

孟加拉国境内铁路唯一未连接的部分是邦噶邦德大桥两侧的双轨距路段。孟加拉国铁道部正在进行帕巴蒂普至吉安托线路的双轨距标准改建工程。目前印度东北部与孟加拉国之间的“泛亚铁路”米轨段已实现在曼森对面的沙巴杰普尔连接。由此铁路可通过库洛拉和阿加尔塔拉对面的边界点阿豪拉。然而，由于缺乏运输量和过境便利化措施保障，通过曼森的这条线多年来一直处于闲置状态。在不远的将来把双轨距标准铁路建设工程延伸至吉大港的意向性讨论已在进行中。②

（3）孟中印缅毗邻地区水路连接现状

虽然云南是内陆省份，但具有连接湄公河、伊洛瓦底江和红河的三条国际运输通道。其中，澜沧江—湄公河国际航运和

① M. 拉马图拉：《推进孟中印缅交通连接及对策建议——孟加拉的思考》，《东南亚南亚研究》2010年第3期。

② M. 拉马图拉：《推进孟中印缅交通连接及对策建议——孟加拉的思考》，《东南亚南亚研究》2010年第3期。

伊洛瓦底江中缅陆水联运通道直接把中国与缅甸相连。上湄公河河段连接中老缅泰 4 国，已于 2001 年实现国际通航。近年来完成航道整治工程改造后，中国境内景洪段与中缅 243 号界碑之间 71 公里的河道通航能力大幅提高，由原来的 6 级航道升级为 5 级航道，实现了至老挝会晒 331 公里河段的对接，适航船舶吨位也由原来的 100 吨提高至 300 吨。[①] 1989 年缅甸提出中缅陆水联运计划，这一通道从中国昆明经保山、瑞丽至缅甸八莫港陆路，再经八莫港至仰光港水路，最终进入印度洋，全长 2200.3 公里。其中，陆路运输从昆明经铁路或公路到大理，之后由公路（远期为铁路）经保山、芒市、瑞丽的南畹河大桥出境进入缅甸，过曼锡县到八莫港，运距为 923.3 公里（其中境内 807 公里，境外 116.3 公里）；水路运输沿伊洛瓦底江从八莫港至仰光港，长 1277 公里，可全线、全年、全天通航。1996 年中缅两国开始进行联合勘测和规划，两国交通部门签署了多份合作纪要，并准备在 2001 年 12 月时任国家主席江泽民访缅时签署正式协议。由于中国媒体过分渲染这条通道的战略意义以及印度的干预，缅甸政府临时提出额外的条件，导致《中缅伊洛瓦底江陆水联运协定》未能签署。[②] 此后两国

---

① 中国水运报：《澜沧江五级航道建设一期工程竣工　三百吨级船舶可常年通行》，http：//www. zgsyb. com/GB/Article/ShowArticle. asp？ArticleID =6737。

② 南方网－南方都市报：《中国谋求“两洋战略”打通中缅陆水联运大通道》，http：//www. southcn. com/news/china/zgkx/200407300358. htm。

一直没有放弃这一通道，从瑞丽经章凤到八莫的公路也提高了等级，未来实施的可能性较大。中缅双方开展伊洛瓦底江陆水联运合作，有利于促进两国经济文化建设，特别有利于缅甸沿江经济带增长极的形成，当前中国提出的加快“一带一路”建设的重大决策部署，计划把云南建成连接印度洋、沟通陆上丝绸之路经济带和海上丝绸之路的枢纽，中缅伊洛瓦底江陆水联运作为其中一项重要工作予以推进与合作的时机和条件已经成熟。

（4）孟中印缅毗邻地区航空连接现状

中国昆明现已开通至印度加尔各答、孟加拉国达卡、缅甸仰光和曼德勒的直达航线。2011 年 7 月，云南德宏傣族景颇族自治州州府芒市开通了至缅甸曼德勒的航线后，又增添了云南与南亚和东南亚国家间的“空中走廊”数目。[①] 近年来，中国的其他城市还开通了多条通往南亚和东南亚国家的直达航线，如北京—新德里、上海—孟买、广州—达卡、成都—班加罗尔等。在孟印缅三国间，均开通了首都和重要地区间的航线连接，如达卡—仰光、达卡—新德里和达卡—加尔各答等。

---

① 中国青年报：《云南芒市至缅甸曼德勒航线开通》，http：//news. ifeng. com/gundong/detail_ 2011_ 07/08/7570909_ 0. shtml。

2. 贸易投资持续增长

(1) 中国（云南）与孟加拉国的双边贸易投资

中孟之间互为重要的贸易伙伴，中国已经成为孟加拉国最大的贸易伙伴，孟加拉国已成为中国在南亚的第三大贸易伙伴。中国向孟加拉国进口的商品主要有黄麻和黄麻制成品、皮革及皮革制成品、棉纺织制品、鱼虾类食品、聚氯乙烯等原料性商品。中国向孟加拉国出口的商品主要有纺织品、机电产品、水泥、化肥、轮胎、生丝、玉米等。据中国海关总署提供的统计数据显示，中孟两国双边贸易总额已从2006年的30多亿美元增长到2012年的近90亿美元。2013年，在双方的共同努力下，贸易额突破100亿美元（详见表2－2）。[①] 与此同时，孟加拉国既是中国在南亚开展承包工程和劳务合作业务的传统市场，也是中国的主要受援国之一。中国长期向孟加拉国提供的资金、技术援助和人力资源培训促进了孟加拉国的经济社会发展。随着两国政经关系的日益深化，中孟双向投资均出现可喜增长，合作领域也日渐拓宽。中国已成为孟加拉国主要的外资来源国，主要以独资或者合资形式集中于出口加工区，涉及纺织、成衣、皮革、轻工业、农产品和黄麻制品等领

---

① 昆明日报：《借力南博会云南与孟加拉国交往天地广阔》，http://news.yninfo.com/yn/jjxw/201306/t20130611_2073436.htm。

域。目前，中国对孟加拉国的通信和服务行业投资也呈现较快增长；孟加拉国也在中国广东、浙江等地增加投资。[①]

表 2-2　2003～2013 年中国、云南与孟加拉国贸易额

单位：亿美元，%

年　份	中孟贸易总额	同比增长	滇孟贸易总额	同比增长
2003	13.68	24	0.28	33
2004	19.63	43	0.51	82
2005	24.81	26	0.74	45
2006	31.89	29	0.65	-12
2007	34.59	8	0.51	-22
2008	46.8	35	2.19	329
2009	45.82	-2	1.45	-34
2010	70.59	54	1.25	-14
2011	82.6	17	1.40	12
2012	84.51	2.30	0.71	-51.40
2013	103.08	21.98	1.37	93

资料来源：根据《孟中印缅地区合作论坛通讯》2012 年第 2 期统计数据、中华人民共和国商务部网站数据、云南商务厅数据整理得出。

孟加拉国是云南在南亚的第二大贸易伙伴，且双边贸易额仍呈现较快发展态势。1996 年云南与孟加拉国的贸易额不足 20 万美元，2001 年已经达到 1700 万美元。2012 年双边贸易额达到 7084 万美元。2013 年，双边贸易额比 2012 年增长 93%，达到 1.37 亿美元。云南向孟加拉国出口的主要商品有化工产品、纺织品、水泥、机械设备、轻工业品、粮油食品等；从孟

① 孟加拉国驻中国大使馆：《中孟双面经贸关系》（Bilateral Economical - Commercial Relations），http://www.bangladeshembassy.com.cn/。

加拉国进口的商品主要有皮革、海产品、尿素及黄麻等。云南与孟加拉国投资与经济技术合作方面的合作还处于起步阶段。截至2011年12月，孟加拉国在云南省有5个直接投资项目，合同利用外资11万美元，实际投资1万美元。云南省尚未在孟加拉国开展投资和承包工程项目。[①]

（2）中国、云南与印度的双边贸易投资

中印贸易额在孟中印缅地区贸易总额中占80%左右。中国对印度出口的主要商品有机电产品、化工产品、纺织品、塑料及橡胶、陶瓷及玻璃制品等。中国自印度进口的主要商品有铁矿砂、铬矿石、宝石及贵金属、植物油、纺织品等。2013年，中印双边贸易额超过650亿美元（详见表2－3）。中印经济领域的合作也不断得到拓展。印度是中国重要的海外工程承包市场。中国在印度签订的承包工程合同额从2007年的45.6亿美元增长到2011年的140.6亿美元，完成营业额也从19.9亿美元增加到74.4亿美元。截止到2012年年底，中国在印累计签订工程合同额601.3亿美元，完成营业额335.2亿美元。[②]近年来，中印双边投资年增长较快。2010年，中国对印度的

---

① 查朝登：《云南省与孟加拉国、印度和缅甸经贸合作及BCIM合作论坛的发展》，《孟中印缅地区合作论坛通讯——BCIM论坛第十次会议选集》，2012年2月。

② 中华人民共和国外交部：《印度国家概况》，http：//www.fmprc.gov.cn/mfa_chn/gjhdq_603914/gj_603916/yz_603918/1206_604930/。

非金融类直接投资达到3300万美元，2011年增长到9590万美元。截至2011年，中国对印度的非金融类投资总额达到7.2亿美元。印度对中国的投资从2006年的5200万美元增加到2008年的2.57亿美元，涉及92个投资项目。截止到2011年年底，印度在华累计投资723个项目、4.42亿美元。①

表2-3 2003~2013年中国、云南与印度贸易额

单位：亿美元,%

年 份	中印贸易总额	同比增长	滇印贸易总额	同比增长
2003	75.95	54	0.61	5
2004	136.04	79	1.23	102
2005	187.03	37	1.25	2
2006	248.61	33	1.40	12
2007	386.47	55	3.33	138
2008	517.8	34	5.86	76
2009	433.81	-16	3.79	-35
2010	617.60	42	6.78	79
2011	739.18	20	8.42	24
2012	664.72	-10.10	4.61	-45.30
2013	654.17	-1.60	5.64	22.30

资料来源：根据《孟中印缅地区合作论坛通讯》2012年第2期统计数据、中华人民共和国商务部网站数据、云南商务厅数据整理得出。

滇印双边经贸合作以贸易为主，且呈逐年增长态势。滇印

① 印度驻中华人民共和国大使馆网站：Trade and Commercial Relations, India - China Bilateral Relations, Embassy of India, Beijing, http://www.indianembassy.org.cn/DynamicContent.aspx? menuld = 3&SubMenuld = 0。

贸易在云南的130多个国家和地区贸易伙伴中增长最快。印度已成为云南的第四大贸易伙伴和最大的南亚贸易伙伴。2000年至2011年共11年的时间里，云南从印度的进出口贸易额从4500万美元增长到8.42亿美元，增长近18倍。2013年，滇印贸易额为5.64亿美元，比2012年增长22.3%。多年以来，云南向印度出口的主要商品有黄磷、磷酸、磷化工初级产品、有色金属（铅锭与铅锌）、猪鬃、棕榈油、香料油、日用品等。从印度进口的商品主要有铁矿砂、氧化铝、铬化铝、锌矿砂、宝石、蓖麻油等。近年来，随着双边贸易额的增长，在原有进口商品规模持续扩大的基础上，云南向印度增加了卷烟、聚氯乙烯、其他环烷烃、高锰酸钾等出口商品，从印度增加了铜锍、沉积铜以及X射线应用设备等进口商品。

（3）中国、云南与缅甸的双边贸易投资

自20世纪80年代以来，中国都是缅甸重要的贸易伙伴。近年来，两国经贸合作取得长足发展，合作领域从最初的单纯贸易和经济援助扩展到工程承包、投资和多边合作，双边贸易额逐年增长。中缅贸易额从2001年的6.3亿美元增加到2012年的69.7亿美元（详见表2－4）。中国出口到缅甸的商品主要有成套设备和机电产品、纺织品、摩托车配件和化工产品等，从缅甸进口的主要商品为原木、锯材、农产品和矿产品等。缅甸是中国在东盟地区的重要工程承包市场和投资目的

地，中国还是缅甸最大的外资来源国。

表 2-4　2003～2013 年中国、云南与缅甸贸易额

单位：亿美元，%

年　份	中缅贸易总额	同比增长	滇缅贸易总额	同比增长
2003	10.8	25	3.2	-21
2004	11.5	6.5	6.3	97.5
2005	12.9	12.2	5.5	-12.7
2006	14.6	13.2	6.9	25.6
2007	20.6	41.1	8.7	26.3
2008	26.3	27.7	11.9	36.5
2009	29.1	10.6	12.3	2.8
2010	44.4	52.6	17.6	43.1
2011	65.0	46.4	20.7	17.6
2012	69.7	7.2	22.7	9.7
2013	101.5	45.6	41.7	83.7

资料来源：根据《孟中印缅地区合作论坛通讯》2012 年第 2 期统计数据、中华人民共和国商务部网站数据、云南商务厅数据整理得出。

缅甸已成为云南省在东盟最大的贸易伙伴，也是云南省主要的对外经济技术合作市场。双边贸易额从 2001 年的 3.93 亿美元增加到 2011 年的 20.7 亿美元。2013 年，滇缅贸易额达 41.73 亿美元，同比增长 83.7%。[①] 据缅甸边贸局数据显示，2012 年 4 月至 2013 年 3 月财年，与中国云南接壤的 4 个主要边贸口岸（木姐、甘拜地、清水河和拉扎）的边贸额约为 29

① 云南日报：《李纪恒会见缅甸客人》，http://yn.yunnan.cn/html/2014-06/05/content_3235340.htm。

亿美元，约占缅甸边贸总额的83％。云南向缅甸出口的商品主要有机电产品、纺织服装、钢铁制品、石蜡、农产品、建材、五化、食品饮料和矿产品等。随着我国在缅水电站项目相继建成投产和中缅油气管道投入运营，滇缅贸易格局将会出现较大幅度的调整，电力和油气将在缅甸出口云南商品的贸易额中占到较大比重。与此同时，云南与缅甸的投资和经济技术合作也日益升温。截至2011年12月，云南省在缅甸的投资项目多达28个，合同投资额为84.6亿美元，实际投资7.9亿美元，主要涉及水电站建设、矿产资源开发及农业合作领域。双边签订的电站、路桥等基础设施承包工程合同金额为25.8亿美元，完成营业额18.3亿美元。缅甸在云南的主要投资领域涉及制造业、房地产、农业和社会服务业等，投资项目多达127个，合同投资额为8237万美元，实际投资5372万美元。

3. 能源合作富有成效

孟缅天然气资源、中缅水电资源、中印煤炭资源等储量丰富（详见表2－5）。在能源资源勘探开采、新能源开发利用方面，孟缅需要外国的先进技术和资金支持，而中印两国在这方面都具有比较优势。电力能源方面，印度、缅甸和孟加拉国都是电力极度缺乏的国家，中国在电力方面占有绝对的优势。近年来，为缓解常规能源短缺和减轻环保压力，孟中印缅采取了多项措施开发利用新能源，促进能源的多样性和清洁化。孟加拉国和缅甸有发展新能源的需求，但缺乏开发新能源所需要的资金和技术。中国和印度作为能源大国，新能源是能源消费的重要组成部分，新能源技术也比较成熟（详见表2-6）。孟中印缅四国加强能源合作有利于相互之间发挥比较优势，实现优势互补。

表2-5　2012年孟中印缅四国化石能源探明储量

	石油（10亿桶）	储产比	天然气（万亿立方米）	储产比	煤（百万吨）	储产比
孟加拉国	—	—	0.2	8.4	—	
中　　国	17.3	11.4	3.1	28.9	114500	31
缅　　甸	—	—	0.2	17.4	—	
印　　度	5.7	17.5	1.3	33.1	60600	100

注：储量/产量（R/P）比例指用任何一年年底所剩余的储量除以该年度的产量，所得出的计算结果即表明如果产量继续保持在该年度的水平，这些剩余储量可供开采的年限。

资料来源：CN - statistical_ review_ of_ world_ energy_ 2013.

表2-6　2012年孟中印三国可再生能源消费量

单位：百万吨油当量

	水　　电	其他可再生能源
孟加拉国	0.4	<0.05
中　　国	194.8	31.9
印　　度	26.2	10.9

资料来源：CN - statistical_ review_ of_ world_ energy_ 2013.

云南省不仅水能资源、太阳能资源、风能和生物质能资源丰富，而且在对可再生能源资源开发利用方面比孟印缅要先进。从进入21世纪开始，云南省就制定了新的能源发展战略，加强了水能、太阳能、风能、生物质能等一系列可再生能源的开发并取得了成效，已经成为全国水电装机第二、清洁能源西电东送第一、电力贸易全国第一的省份，也是全国首批低碳试点地区之一。

（1）中国与孟加拉国的双边能源合作

在过去二十多年里中孟已开展了涉及电力、煤炭开采、油气开发等领域的多个项目工程。早在1992年，由中国东北三公司承建竣工的吉大港21万千瓦发电厂成为当时孟加拉国最大的发电厂之一。1994年2月正式签署、由中国机械进出口总公司承建的合同金额为1.95亿美元的巴拉普库利亚煤矿工程在1996年6月正式开工，是当时中国在海外的最大煤矿工程和承包的大型交钥匙工程之一。2001年7月，由中国机械进出口总公司、上海电气总公司和深圳中机能源公司组成的联合体共同承建的巴拉普库利亚燃煤电站项目正式签约，合同金额为2.2亿美元。①

中国公司在孟加拉国能源合作项目的国际竞标中表现积极，而且中标可能性随着双边经贸合作的深化以及政治关系的紧密

① 新华网：《中国在孟加拉国承建煤炭工业项目开工》，http：//news.xinhuanet.com/world/2003－04/24/content_ 847563.htm。

越来越大。孟加拉国希莱特天然气有限公司（SGFL）的 Rashid-pur 凝析油分馏厂和 Kailashtilla 天然气处理厂两项交钥匙工程国际招标项目分别于 2006 年 12 月和 2007 年 1 月授予中石化国际事业有限公司，项目金额合计为 2900 万美元。[①] 2008 年 2 月，中国水利水电建设集团公司经过公开招标方式，中标吉大港地区造价约 8200 万美元的 15 万千瓦电站项目。[②] 2009 年 8 月 27 日，上海电气电站集团中标 Sylhet150 兆瓦、造价约 9715 万美元的单循环燃气电站项目。[③] 除此之外，中国还在孟加拉国承建过东方炼油厂码头以及输变电项目等。

2010 年 3 月 17 日至 21 日孟加拉国总理哈西娜对中国进行国事访问期间，她强调中方在电力等能源领域的合作对孟经济社会发展发挥了重要作用，并将继续寻求中国对孟在电站建设等方面的能源合作。同时，双方还签署了油气合作谅解备忘录，为未来中孟能源合作奠定了坚实的基础。2013 年 4 月 10 日，孟加拉国政府与中国签订协议，在波拉县共同建立联合循

---

① 中华人民共和国驻孟加拉人民共和国大使馆经济商务参赞处：《中石化两项目在孟中标》，http：//bd. mofcom. gov. cn/aarticle/jmxw/200703/20070304455823. html。

② 孟加拉国《金融快报》：《中国水利水电建设集团公司中标孟吉大港地区 15 万千瓦电站项目》，http：//www. mofcom. gov. cn/aarticle/i/jyjl/j/200802/20080205389194. html。

③ 北极星电力网新闻中心：《上海电气中标孟加拉国电站项目》，http：//news. bjx. com. cn/html/20090831/225727. shtml。

环发电厂，以减缓电力供需矛盾，缓解孟加拉国的供电压力。

(2) 中国与缅甸的双边能源合作

中国与缅甸的能源合作涉及领域广泛，两国在水电开发、电力互联互通、油气管道互联互通等方面都开展了卓有成效的合作。

中缅能源合作开始于20世纪60年代，合作形式为水电站建设。1987年中国领导人访缅后，两国开始了油气勘探合作。在水电站建设和发电设备供应方面，1999年由云南省机械设备进出口公司与缅甸电力部合作共同建设、2005年建成投产的邦朗电站是当前缅甸最大的水电站，装机总容量占缅甸全国总量的1/4。2003年，中缅签署了装机容量为40万千瓦、合同金额为1.5亿美元的瑞丽江电站项目。2005年，云南省机械设备进出口公司再次与缅甸签署电力设备供应合同协议。2006年2月14～18日，时任缅甸总理梭温上将访问中国期间，双方签署了邦朗水电站二期工程相关协议等8个文件。2007年，中电投与缅方达成建设两座水电站协议。2008年2月27日，中电投与缅甸第一电力部水电建设司在缅甸内比都签署了装机容量为9.9万千瓦的《施工电源电站合同》。[①] 2007年，

---

① 中国驻缅甸大使馆经商处：《中国电力投资集团公司与缅甸第一电力部签署施工电源电站合同》，http：//mm. mofcom. gov. cn/article/zxhz/sbmy/200802/20080205405352. shtml。

中国大唐公司与缅甸政府签署了在缅北克钦邦建设9座电站的协议。目前，在克钦邦莫冒地区的太平一级、太平二级电站已开工建设，装机总容量分别是24万千瓦和16.8万千瓦。①2008年3月23日，由中国重型机械总公司与缅甸电力部水电局签订合同、中国公司负责项目设计（含土建）、制造、运输、现场指导安装和调试的位于缅甸勃固省的KABAUNG水电站正式投入商业运营。2009年8月4日，中国葛洲坝集团国际工程有限公司与缅甸农业部灌溉司签署关于承建缅甸马圭省敏达水电站协议。该协议总额1470万美元，由缅方自筹资金，电站装机容量为4万千瓦。2010年2月11日，中国华能澜沧江水电有限公司、缅甸HTOO公司与缅甸电力一部水电规划司在缅甸共同签署了仰光燃煤火电厂项目开发权谅解备忘录。该电站预计装机27万千瓦，由中缅双方按BOT方式投资开发。②2012年3月31日，由中国广东珠海新技术有限公司承建的缅

① 中国驻缅甸大使馆经商处：《缅甸克钦邦将建9座电站》，http://mm.mofcom.gov.cn/aarticle/jmxw/200810/20081005828759.html。

② BOT是build－operate－transfer的缩写，意为建设—经营—转让。这是私营企业参与基础设施建设，向社会提供公共服务的一种方式。我国一般称之为“特许权”，是指政府部门就某个基础设施项目与私人企业（项目公司）签订特许权协议，授予签约方私人企业承担该项目的投资、融资、建设和维护，在协议规定的特许期限内，该私人企业向设施使用者收取适当的费用，由此来回收项目的投融资、建造和经营维护成本并获取合理回报。政府对这一基础设施有监督权、调控权，特许期满签约方的私人企业将该基础设施无偿或有偿移交给政府部门。

甸马圭省吉荣吉瓦水电站（又称 KK 电站）正式落成。

进入 21 世纪以来，中缅在油气方面的合作取得实质性进展。2004 年 10 月中海油与缅甸国家石油天然气公司签署了开发缅甸 M 区块陆上石油气产品分成合同。2005 年中石化集团云南滇黔桂石油勘探局同缅甸天然气公司签署了开发伊洛瓦底江盆地 D 区块的风险勘探开发合同。[①] 2013 年 7 月中缅油气管道投产通气，该项目已经成为中印缅三国在能源领域成功合作的范例。云南作为与缅甸接壤的省份，在中缅能源合作中扮演了重要的角色。不管是中缅水电资源开发、电力互联互通，还是中缅油气管道建设，云南省都是最为重要的参与者。

（3）中国与印度的双边能源合作

中国和印度的能源合作始于 20 世纪 80 年代后的能源产品贸易，主要是中国向印度出口煤和焦炭。1991 年印度实行经济改革后，中印能源合作规模逐渐扩大，领域日渐拓宽。目前，中印能源合作形式主要包括共同开采石油、联合竞购、购买能源设备、相互投资参股、签署合作协议和进行电力工程承包等。

在油气开采和签署合作协议方面，2012 年 6 月中石油天然气集团公司与印度国有油气公司签署了联合在海外开采油气

---

① 陈利君等：《孟中印缅能源合作与中国能源安全》，中国书籍出版社，2009，第 77 页。

资源的协议。根据协议内容，印度国有油气公司的海外投资子公司（ONGCVidesh Ltd）将携手中石油在缅甸铺设一条岸上天然气输送管道。[①] 此前，双方已分别在叙利亚和苏丹共同持有36块油气田权益和大尼罗河石油项目权益。除此之外，中印在苏丹共同开发的Malut油田等成功案例成为降低成本、提高效益和技术交流的双边能源合作典范。另外，中国在苏丹首都喀土穆承建了一座炼油厂，而印度则修建了一条把成品油输送到码头的管道。在伊朗，印度石油和天然气公司与中石化集团共同开采亚达瓦兰（Yadavaran）油田，其中中国公司控制该油田50%的份额，而印方控制20%的份额。在俄罗斯，中印两国石油公司分别与俄罗斯国家石油公司开展油气合作。在哈萨克斯坦，印度石油和天然气公司表示愿意参与修建中哈石油管道。[②] 在联合竞购方面，2006年8月中石化与印度国家石油公司以1∶1的出资比例购得哥伦比亚一石油公司50%的股份，中印双方各持所购股份的一半。[③] 印度大型贸易公司爱莎国际的原材料进口几乎全部购自中国，其中包括电力设备、能源设施等总计约50亿美元的商品和服务。在相互投资参股方

---

① 新华国际：《中印将联合开发海外油气》，http://news.xinhuanet.com/world/2012-06/21/c_123312938.htm。

② 《经济参考报》：《中印合作：构建亚洲能源新版图》，http://finance.sina.com.cn/roll/20050405/08151487670.shtml。

③ 《国际先驱导报》：《中国公司首次投资印度石油天然气行业》，http://news.sina.com.cn/c/2007-02-13/082812304146.shtml。

面，2005年2月，印度燃气公司同中国燃气控股有限公司签订投资2.43亿美元购买中国燃气控股有限公司9%股份的协议。该协议是中印两国上市公司的第一次合作，也是中印在能源下游行业的第一次联手。2005年12月中印联手以5.73亿美元成功收购加拿大石油公司所持有的叙利亚幼发拉底石油公司38%的股份，印度石油天然气公司与中国石油天然气集团公司各拥有一半股份。2005年3月14日，印度石油与天然气部部长艾亚尔建议将伊印天然气管道通过缅甸延伸到中国。① 2007年2月，双方再次联手各持50%的股份，在百慕大注册成立的“中印能源公司”是中国公司首次投资印度的石油天然气行业。借由合资公司，中国燃气控股有限公司也敲开了印度能源市场的大门。② 2010年3月24日，山东电力基本建设总公司（山东电建）与印度沃丹特集团在印度签订贾苏古达3×660兆瓦电站项目EPC总承包合同，合同金额15亿美元。2011年年初，哈尔滨锅炉厂有限公司与山东电力建设第三工程公司成功签署了向印度古德洛尔120万千瓦亚临界项目提供锅炉设备的合同。③

---

① 张保平：《印度为获伊朗能源不惜拉中抗美》，《国际先驱导报》2005年3月25~31日。

② 《国际先驱导报》：《“中印能源公司”注册中国燃气敲开印度市场大门》，http：//news. xinhuanet. com/fortune/2007-02/13/content_ 5733628. htm。

③ 中国新闻网：《哈尔滨锅炉厂出口传捷报　签订印度电力项目》，http：//news. cntv. cn/20110128/103620. shtml。

4. 农业合作日益密切

(1) 中缅农业合作基础与现状

中缅农业合作主要体现在五个方面：一是农业部门与缅甸开展了农作物品种交换、育种和栽培技术的交流、农业科研技术人员培训、农业科技示范园建设、跨境动物疫病监测站建设等合作内容。二是商务部门实施国家替代发展项目，通过“走出去”发展专项资金重点支持企业境外资源开发、农业开发合作等项目，执行商务部境外农业人才培训项目等。三是云南边境州市充分发挥自身优势，与缅甸开展务实的农业合作，如临沧市人民政府与缅甸掸邦政府于2012年3月签订了农业合作备忘录，双方将在缅甸掸邦滚弄、老街、户板、贵概、登尼等县和片区开展300万亩的农业综合开发，其中有100万亩甘蔗、100万亩橡胶、20万亩咖啡及其他经济作物。四是农业科研机构间开展了务实的合作，云南省农科院选育的大豆、陆（旱）稻、小麦、杂交水稻、马铃薯、甘蔗、花卉等粮经作物品种已被缅甸引进并示范推广。五是农机生产企业和农业企业也已经开始在缅甸从事有关农机制造、作物育种、渔业捕捞和橡胶作物种植等商业开发活动，并通过多种贸易形式将农机、种子、化肥、农药等一些农用生产资料出口到缅甸，特别是手扶拖拉机及其散件，在缅甸市场占有率已超过70%。缅甸也向中国出口包括天然橡胶、木材在内的众多农产品。2013年12月，中缅双方签署了《中国农业部与缅甸畜牧水产及农村发展部关于渔业合作的协议书》，进一步推进中缅种植业、畜牧业、养殖业及渔业合作。①

（2）中印农业合作基础与现状

2006年3月，中印签署了《中印农业合作谅解备忘录》。根据谅解备忘录，中印两国在农业及相关领域开展广泛的合作。为确保备忘录各项条款的实施，双方同意成立中印农业合作委员会，每两年轮流举行一次副部长级会议，审议备忘录的执行情况。双方还同意成立司长级联合工作组，负责合作项目的制定、实施及日常管理事务。2013年5月，李克强总理在访印期间，中印两国签署8项合作协议，涉及经贸、农业、文化、环保、地方交往等多个领域，中印经贸的合作将直接刺激农业领域的发展。②

（3）中孟农业合作基础与现状

2010年3月发表的中华人民共和国与孟加拉人民共和国联

① 中华人民共和国驻缅甸联邦共和国大使馆经济商务参赞处：《中国农业部副部长访问缅甸》，http：//mm. mofcom. gov. cn/article/jmxw/201312/20131200413263. shtml。

② 中国新闻网：《中印八项合作利好农业跨国并购》，http：//finance. chinanews. com/cj/2013/05－27/4861717. shtml。

合声明中提出，双方将根据2005年签署的《中华人民共和国农业部与孟加拉人民共和国政府农业部农业合作谅解备忘录》，积极开展杂交水稻种植技术、农业机械技术、农作物种质资源交换、农产品加工、农业技术人员培训等领域的合作；加强两国农业科技与管理人员的交流，进一步探讨扩大农业合作的具体途径和方式。[①] 2014年2月，云南省农村科技服务中心组织省内具有技术和经济实力的企业专家赴孟加拉国提供技术咨询服务，并与孟加拉国农业科研单位签署了建立农业科技示范园的合作协议。

5. 人文交流往来频繁

在2013年12月缅甸承办的第27届东南亚运动会中，中缅两国在开闭幕式的技术设计、设备支持和运动员培训等方面进行了良好的合作，充分展现了缅甸的体育风采和悠久灿烂的历史文化。中国佛牙舍利4次在缅甸巡礼供奉，成为两国佛教交往史上的佳话。中国和平发展基金会在缅开展“光明行”慈善医疗项目，累计为600多名缅甸白内障患者实施复明手术。中国海军和平方舟医院船赴缅提供免费医疗服务，受到各方好评。[②]

---

① 新华网：《中华人民共和国与孟加拉人民共和国联合声明》（全文），http：//news. xinhuanet. com/politics/2010 -03/19/content_ 13205582. htm。

② 中华人民共和国驻缅甸联邦共和国大使馆：《杨厚兰大使在缅甸战略与国际问题研究所的演讲》，http：//www. fmprc. gov. cn/ce/cemm/chn/sgxw/t1116347. htm。

2014年3月26日至4月6日，“感知中国”中缅胞波兄弟行系列活动在缅甸多地举行，进一步加深了缅甸人民对中国文化的了解，增进了中缅两国人民间的友好感情。[①]

2006年以来，中印两国青年百人团多次实现互访，有效地增进了两国青年的相互往来和了解。中印两国还启动了媒体交流合作，对增进两国新闻传媒界的沟通和两国和平友好舆论环境的营造产生了积极影响。中印两国在教育领域的合作也取得不断进展，中国在推动印度汉语教学方面作出了积极努力，已经在印度开办了两所孔子学院，而印度中等教育委员会也在2011年将汉语列为外语课程。中印佛教界多次派代表互访，在促进中印人文交流方面发挥着不可替代的作用。[②]

1979年11月，中孟签署两国政府文化合作协定，此后每三年商签一次文化交流执行计划。协定签订后，两国文化领域的交流与合作不断加强。双方不断扩大在新闻、卫生、体育等领域的交流与合作，推动两国媒体、智库、学者、友好团体、妇女组织、艺术团、运动员、青年等的交流。2003年，时任全国政协主席贾庆林对孟进行正式友好访问，双方签署了《中孟文化合作协定2004—2006年执行计

① 人民网－华人华侨频道：《“感知中国”中缅胞波行系列活动举行开幕式》，http：//chinese. people. com. cn/n/2014/0403/c42309－24812658. html。

② 许利平：《中印战略合作伙伴框架的现实分析》，《人民论坛·学术前沿》，http：//www. rmlt. cn/qikan/2013－06－20/86944. html。

划》。[①] 2008 年 12 月，《中孟文化合作协定 2009—2012 年执行计划》在达卡签署。2014 年 5 月，《中孟文化合作协定 2014—2017 年执行计划》在达卡签署。中孟自 1976 年开始互派留学生，从 2013 年起中国政府向孟加拉国政府提供的奖学金名额由每年 80 名增至 160 名。达卡大学早在 1978 年成立中文系，是孟加拉国最早开展中文教育的机构。自成立以来，该系的汉语教学质量一直保持了较高水平。2006 年云南大学与孟加拉国南北大学合作，在孟设立了南亚第一所孔子学院，其汉语教学对象广泛涵盖孟大学生、中小学生及社会各界人士。[②]

6. 跨境旅游初具规模

印度正在成为中国旅游市场的新兴客源。2013 年印度赴华游客近 68 万人次，比上年度增长 11%。[③] 中国公民首站赴印旅游也达到近 14.5 万人次，比上年度增长 6% 以上。[④] 许多中国游客选择从云南芒市—曼德勒航线到缅甸观光旅游，缅甸

---

① 中华人民共和国外交部：《中国同孟加拉国关系》，http://www.chinanews.com/gn/news/2010/06-10/2335872.shtml。

② 中华人民共和国驻孟加拉人民共和国大使馆：《中国同孟加拉国关系》，http://bd.china-embassy.org/chn/zmgx/gxgk/t1052839.htm。

③ 中国旅游新闻网：《中国将争取更多印度游客来华旅游》，http://www.cntour2.com/viewnews/2014/02/05/3Q4pREB8nx1FVuYHMd9X0.shtml。

④ 中国新闻网：《丝路新语："孟中印缅大旅游圈"呼之欲出》，http://www.chinanews.com/gn/2014/06-08/6255722.shtml。

已成为许多中国游客向往的旅游目的地。缅甸 2012 年入境游客中，泰国游客人数居首，约 9 万人；中国游客人数排在第二位，约 7 万人。[①] 目前往返昆明—达卡的航班几乎满载，越来越多的中国人到孟加拉国旅游、经商、购物，或经由孟加拉国到迪拜观光游览。

近年来，云南省一直将孟中印缅旅游合作作为发展的重点，先后开通了昆明—达卡、昆明—达卡—迪拜、昆明—加尔各答、昆明—曼德勒、芒市—曼德勒空中航线，并与孟加拉国和印度分别签署《旅游合作谅解备忘录》及《云南省旅游局（现为旅游发展委员会）与印度旅行商协会合作协议》。印度、孟加拉国、缅甸等国则纷纷到云南举办“不可思议的印度”展览，参加中国国际旅游交易会等推介旅游，推动孟中印缅旅游业的合作发展。在各方努力下，印度赴云南游客人数已经从 2008 年的 25132 人次增加至上年的 51776 人次，成为云南省主要客源国。2012 年，约 60 万人次的缅甸人来华旅游，其中与缅甸相邻的云南是众多缅甸游客的首选。从 2013 年起，每年定期举办的中国—南亚博览会将推动商务旅游、会议旅游、观光旅游向纵深发展，助推“孟中印缅大旅游圈”全面发展。[②]

---

① 国际在线：《缅甸 2012 年入境游客人数突破百万　中泰游客最多》，http：//news. xinhuanet. com/world/2013－01/21/c_ 124259947. htm。

② 中国新闻网：《中国拟与周边国家共造“孟中印缅大旅游圈”》，http：//www. chinanews. com/gn/2013/06－06/4903211. shtml。

2013年10月24日，云南省旅游发展委员会与孟加拉国国家旅游局签署《加强旅游合作谅解备忘录》，双方将在市场营销、专家互访、旅游宣传材料交流等方面加强合作。[①] 与此同时，进一步完善互为旅游目的地、签署旅游合作协定、推荐旅游线和开展酒店、旅行社合作等工作，共同谋求双方的互惠互利发展，推动旅游合作迈上新台阶。

当然，孟中印缅经济走廊早期收获项目的开展也存在一些制约因素。首先，该区域内政治、领土、民族、宗教等关系复杂，政治互信仍有待加强。稍有不慎可能影响到各国战略定位发生改变，影响和威胁到孟中印缅经济走廊建设合作。美国、日本及欧洲等发达国家对该区域的介入与角力使该问题更趋复杂化。其次，该区域内的产业基础薄弱，经济结构差异明显但互补不足，普遍面临着资金和技术缺乏、市场需求不足等难题。孟中印缅各国尽管在产业结构上具有一定的互补性，但产业相似度仍高于互补性。目前，孟中印缅四国在自然资源、人才、技术、设备、信息等基本生产要素配置和供应、生产、销售、研发、服务等核心生产环节配合上无法发挥协同效应，产业结构有待优化，产业互补性有待开发和提升。再次，该走廊区域覆盖地区大部分是欠发达地区，基础设施建设滞后制约了

① 中国新闻网：《云南省与孟加拉国签署旅游合作备忘录》，http://www.chinanews.com/df/2013/10-24/5422041.shtml。

彼此的经贸往来。孟中印缅经济走廊尽管相互毗邻，但地理环境复杂，加之开发开放较晚，基础设施建设滞后，尤其是交通基础设施建设非常滞后，空间可达度低，这已成为该区域经济发展和对外贸易的瓶颈。此外，本区域还存在如“环孟加拉湾”等多个合作组织，降低了其他各方参加孟中印缅经济走廊建设的积极性。由于历史和地缘政治、经济基础等原因，这些制约因素在未来开展孟中印缅经济走廊早期收获的过程中仍将继续存在，需要在早期收获项目规划制定和实施的过程中综合考虑、妥善应对。

三 云南参与孟中印缅经济走廊早期收获的总体思路

（一）总体思路

以“亲、诚、惠、容”的周边外交新理念为指导，深入贯彻落实我国周边外交“与邻为善、以邻为伴”的基本政策和“睦邻、安邻、富邻”的基本方针，抓住我国周边外交战略调整、扩大向西开放和“一带一路”建设的契机，以构建云南与周边国家综合立体交通网络体系为抓手，以进一步推进云南与周边国家互联互通的软环境建设为支撑，以稳步推进与周边国家的经贸合作、保障能源运输和通道安全为先导，充分发挥云南独特的区位优势，加强与周边各国的政府沟通、道路联通、贸易畅通、货币流通、民心相通，有重点、有步骤地开展孟中印缅经济走廊早期收获项目，为全面推进孟中印缅经济走廊奠定坚实基础，为云南在“一带一路”国家战略中发挥西南战略支点作用提供重要支撑。

（二）基本原则

1. 平等互利，合作共赢

充分考虑我国与周边国家经济社会发展的当前需求和中长期愿景，注重加深与孟印缅三国的全面沟通和相互了解，促使周边国家，尤其是其政治经济精英真正认识到经济走廊建设对其经济社会发展的重大战略价值，进一步凝聚共识，提升合作意愿。合作中切实照顾相关各方的利益关切，形成优势互补、分工协作、联动开发、共同发展。

2. 政府主导，市场运作

发挥政府的主导作用，调动孟印缅三国参与经济走廊建设的积极性、主动性和能动性。把握时机将合作意愿转化为具体合作项目，使合作蓝图从规划走向具体落实，发掘孟中印缅地区合作的潜力。创新合作模式，调动各类可用资源，引入市场化运作机制，引导和吸纳社会闲置资本流向互联互通、能源合作等领域，形成以政府为主导、社会共同投资参与的公私合作模式。

3. 先易后难，逐步推进

找准切入点，从孟中印缅互补性最强、合作愿望最迫切、容易突破、见效显著的领域和项目着手，布局一批早期收获项目，发挥重点项目的示范作用和带动作用。减少孟中印缅经济走廊建设早期收获的风险和失误，提高项目合作的成功率，增强各国参与经济走廊建设的信心。注重总结宣传，形成带动示范效应，促进合作经验不断累积、各国合作愿望日益加强，逐步推进孟中印缅经济走廊建设。

4. 双边先启，带动多边

巩固和加强双边合作，减少因政治制度、利益诉求、社会文化等方面的差异带来的障碍和摩擦。在双边合作不断夯实和深入的基础上，通过发挥双边合作的示范效应，带动多边合作的发展。推进区域重大项目时，注重发挥多边参与在力量整合上的优势，降低敏感性，增加共识，增进友谊，推动区域合作向纵深发展。

5. 注重实效，惠及民生

吸取地区合作中的经验教训，更加注重经济社会发展与生态环境可持续相结合，最大限度地创造政治效益、经济效益、社会效益和生态效益，争取赢得民众的广泛支持。通过实施一批先导项目和民生项目，改善区域基础设施，促进当地经济社会发展，增进人民福祉，为全面推进孟中印缅经济走廊建设营造良好合作氛围。

（三）阶段目标

1. 近期目标

2014～2016年，在详细调研和统筹规划的基础上，充分利用孟中印缅经济走廊合作机制，选定首批基础较好、可操作性强的合作项目。加紧落实实施方案和支持政策，尽早开工建设。通过合作示范项目的成功运作，提升各方参与经济走廊建设的意愿和信心，凸显孟中印缅经济走廊在“一带一路”总体布局中的西南战略支点作用。在资金上，建立起多元化、可持续性的资金保障体系，确保资金的可持续性投入，完善相关规章制度和操作规范；通过各种激励措施，调动多种社会力量共同参与经济走廊的建设，有效提升区域合作的条件和动力，将政府主导的区域合作逐渐转变为政府与社会力量共同参与的新模式。

2. 远期目标

2017～2020年，加快交通、能源和通信网络的互联互通，充分发挥四国经济的互补性，实现贸易投资便利化，降低区域运输成本和贸易成本，推动各种资源和生产要素自由流动，实现经济包容性增长、人与自然和谐发展，使之成为亚洲经济新的增长极；促进沿线国家的产业分工协作，建立产业结构合理、产业空间布局科学的次区域国际分工协作体系，使之成为全球产业链的一个重要组成部分；扩大人文交流，促进旅游合作，增进理解与互信，实现四国乃至东南亚南亚辐射区人民的持久和平、稳定与繁荣，成为“一带一路”战略的重要组成部分。

四 云南参与孟中印缅经济走廊早期收获的项目设想

孟中印缅四国经济发展层次不一，文化差异较大，建设孟中印缅经济走廊涉及面广，建设周期长，因此需要循序渐进，先易后难，突出重点，从点到线再到面逐步推进。要集中人力、物力、财力在四国易达成共识的重点领域、重点项目、重点地区率先突破，尽快产生经济效益和社会效益，以调动相关各方参与经济走廊建设的积极性。根据目前的基础条件和合作现状，孟中印缅经济走廊建设早期收获可以重点在交通、经贸、能源、农业、人文、旅游等领域展开。

（一）交通合作

建设互联互通的国际大通道是推进经济走廊建设的基础，交通领域的互联互通必须先行。为此，需要加快建设中国连接周边国家的公路、铁路、机场和水运综合交通运输体系，构建中国通边达海的交通网络。孟中印缅陆路交通以连接主要城市或中心城市为选线原则，可优先考虑亚洲公路网和泛亚铁路规划路线。重点把云南公路干线与缅甸公路网连接起来，开通澜沧江－湄公河国际航运，打通中缅陆水联运通道，推进泛亚铁路建设，开辟区域内新航线，发展航空运输。根据中国云南、印度、缅甸、孟加拉国已有的水陆空交通基础，构建孟中印缅交通走廊。

1. 公路

公路交通走廊可优先考虑连接缺失路段，提升现有公路等级。中线：亚洲公路网规划路线，昆明—曼德勒—因帕尔—达卡—加尔各答，连接孟中印缅四国。2012 年和 2013 年完成过一次路考和一次汽车集结赛，两次进入印度，需要提升公路等级。南线：亚洲公路网南向路线，昆明—曼德勒—吉大港—达卡—加尔各答，连接沿线各国的中心城市，需要连接缅孟边界缺失路段。另外，北线也可视印缅和中缅双方的公路联通情况，开通历史上的史迪威公路。缅甸境内需要架桥、部分山地道路需要按照公路等级建设。

中缅边境可重点推进以下跨境公路建设：

（1）瑞丽—木姐线，现为沥青路，与泛亚 14 号线（AH14）重合；

（2）腾冲猴桥—密支那线，腾密二级公路经猴桥口岸与缅甸31号公路相连；

（3）清水河—腊戍线，经孟定清水河口岸，与缅甸34号、3号公路连接达腊戍、曼德勒，以提升道路等级为重点；

（4）景洪—打洛口岸—景栋（缅），与泛亚公路3号线（AH3）重合；

（5）章凤—缅甸八莫线，以道路等级提升为重点；

（6）盈江那邦—缅（La Gyar Yang）线，经盈江口岸出境，以援建为主；

（7）孟连—缅甸线，缅甸境内为乡村公路，远期提升公路等级。

建设时序：近期应重点推进腾冲—猴桥口岸—密支那、孟定清水河口岸—腊戍、打洛口岸—景栋跨境高等级公路建设；中期推进章凤—八莫港公路、思茅—孟连口岸公路技术等级提升；远期推进贡山—马库—葡萄（Putao，缅北）公路建设。

缅印边境可推进3条跨境公路：

（1）穆德（缅）—莫雷（印）线，经印度边境莫雷进入曼尼普尔邦，此公路与泛亚公路（AH1、AH2）重合，是中印缅国际通道中线；

（2）密支那—雷多线，即中缅印国际通道北线；

（3）吉灵届（缅）—Zokhawthar（印）线，经吉灵届、Zokhawthar进入印度，此通道为等外公路。

建设时序：近期应重点推进建设曼德勒—穆德—莫雷—

英帕尔高速公路，远期逐步提升密支那—雷多公路技术等级。

缅孟边界暂无直接相通公路，只能经印度进入孟加拉国吉大港的公路。可计划修建曼德勒—马圭—吉大港高速公路，形成孟中印缅通道的南线，与泛亚公路41号线（AH41）连接。

印孟跨境公路可推进以下4条：

（1）西隆（印）—锡尔赫特市（孟）线，沿印度梅加拉那邦境内泛亚公路2号线（AH2）与孟加拉公路N2连接进入孟加拉国锡尔赫特市；

（2）阿加尔塔拉（印）—马托布迪（孟）线，特里普拉邦阿加尔塔拉经孟加拉公路Z1202与印度44号公路相接进入孟加拉国；

（3）加尔各答（印）—杰索尔（孟）线，印度西孟加拉邦加尔各答沿35号公路经本冈与孟加拉国公路N706连接进入孟加拉国杰索尔，次跨境公路与泛亚公路1号线（AH1）重合；

（4）西里古里（印）—塔古尔冈（孟）线，从西孟加拉邦西里古里沿泛亚公路2号线（AH2）与孟加拉国N5公路连接达孟加拉国塔古尔冈。

建设时序：近期应将阿加尔塔拉—马托布迪线作为重点项目，提升印孟两国跨境公路道路技术等级，可以直接缩短孟中印缅经济走廊中线的距离。

2. 铁路

可考虑泛亚铁路西线，印缅铁路规划路线走向基本和亚洲公路网（中线）走向一致，中缅铁路规划方向也大致和印缅铁路同向，可以形成对接。

2011 年，中缅曾签署木姐—皎漂铁路建设项目合作谅解备忘录及补充协议，规定工程建设须在签署之日起的 3 年内启动。工程原计划投资 200 亿美元，2015 年前建成，中方负责筹措大部分资金，相应拥有 50 年运营权，计划中的中缅该铁路走向基本与中缅油气管道平行。但是，由于缅甸国内对该项目有较大的反对意见，2014 年谅解备忘录到期后，中缅双方表示将暂缓推动该项目。

尽管木姐—皎漂铁路未能如期推进，但是在我国国内，昆明—大理段已通车，大理—瑞丽段在建，仍在稳步推进。从长远来看，瑞丽接木姐经曼德勒至皎漂港单线内燃准轨铁路，将会是孟中印缅经济走廊发展的重要通道和支撑性基础设施。中国应与缅甸保持协商，择机推进中缅国际铁路建设。此外，中缅跨境铁路还可重点建设景洪—勐海—打洛—景栋—南桑跨境铁路、保山—猴桥—密支那跨境铁路，作为中印铁路的先期建设项目。推动自腾冲猴桥边境经缅甸密支那至印度边境班哨口岸铁路前期研究工作。

印缅跨境铁路仍在酝酿协调中。当前可重点推进缅甸建设与印度联通的跨境铁路建设。近期推进密支那—雷多跨境铁路建设，远期可推进缅甸吉灵庙—印度 Jirbam 跨境铁路建设。

印度与孟加拉国有跨境铁路相连，加尔各答至达卡铁路客运服务始于英国殖民统治时期。1965 年，印度和巴基斯坦因克什米尔问题爆发第二次战争，印巴之间的铁路交通因此中断，当时孟加拉国为巴基斯坦的一部分。1972 年 1 月，孟加拉国正式成立，但印度和孟加拉国的铁路客运服务一直没有恢复。直到 2008 年，印孟两国才恢复铁路客运。“印孟友谊列车”每周两趟，铁路全长 538 公里，全程需要 13 ~ 14 小时。另外，印度东北部阿萨姆邦有两条铁路与孟加拉国吉大港、达卡相连。

孟加拉国和缅甸交界地带处于孟加拉湾边，尚无跨境铁路相连，远期可推进缅甸马圭—孟加拉国吉大港跨境铁路建设。

可重点规划建设以下五条铁路实现互联互通：

——昆明—瑞丽或腾冲—密支那—加尔各答铁路通道。途经昆明—楚雄—大理—保山—猴桥（腾冲）或姐告（瑞丽）—密支那（缅）—雷多（印）—丁苏吉亚（阿萨姆邦）—锡尔赫特市（孟）—达卡（孟）—加尔各答（印）或经英吉利巴扎尔（印）到巴特那（印）。

——昆明—瑞丽—曼德勒—莫雷—达卡—加尔各答国际通道。途经昆明—楚雄—大理—保山—瑞丽—曼德勒（缅）—穆德—莫雷（印）—英帕尔—锡尔赫特市—达卡（孟）—杰索尔—加尔各答（印），或者在达卡市北上经拉杰沙希—英吉利巴扎尔—比哈尔邦巴特那。

——昆明—楚雄—大理—保山—瑞丽—腊戍—曼德勒—皎漂港。

——昆明—楚雄—大理—保山—瑞丽—腊戍—曼德勒—仰光。

——昆明—楚雄—祥云—清水河—腊戍—曼德勒。

3. 航空

云南在国内民用机场网络布局数、通航机场等级、机场利用率等方面在国内名列前茅，初步完成由航空大省向航空强省的转变。昆明长水国际机场已开通 34 条国际航线，孟中印缅区域的国际航线有：昆明—仰光、昆明—曼德勒、昆明—内比都，昆明—达卡、昆明—吉大港，昆明—巴特那、昆明—加尔各答。孟加拉国的吉大港、达卡均与仰光、曼德勒、实兑、加尔各答、巴特那有直接航线，还有查尔纳（Chalna）—加尔各答航线。印度加尔各答、巴特那国际机场与孟加拉国、缅甸国际机场均直接通航。

由于孟中印缅区域交通基础设施落后，建设周期长，国际航空合作是加强多边合作、增强商务和文化交流的重点，应尽快形成孟中印缅国际航空网络。近期要加强昆明长水国际机场建设，发挥其对东南亚以及南亚地区得天独厚的区位优势，积极争取开放第五航权，推出国际航班国内段中转衔接业务，合理搭配国内国外航线航班时刻，将昆明机场建成中国乃至东北亚地区中转东南亚、南亚及中东地区的枢纽。同时，重点改造芒市、景洪、思茅机场为国际机场。中期陆续推进密支那、八莫、皎漂港为服务孟中印缅经济走廊的国际机场，增加孟中印缅四国互通国际航线，进一步完善航空网络。

4. 水运

重点建设中缅陆水联运通道，由中国昆明—瑞丽—缅甸八莫中转港的陆路运输，再经伊洛瓦底江到仰光的水路运输，从仰光港转口到孟加拉国吉大港、印度加尔各答等，构成中国通过缅甸伊洛瓦底江进入印度洋的国际联合运输系统。

（二）经贸合作

孟中印缅经济走廊建设必须秉持开放合作的精神，各方要进一步拓展互利互惠空间，加强在相互投资、贸易、基础设施建设等领域深化合作，加深利益融合，拓展合作领域，提升多边合作水平。努力推进四国多层次、多元化的合作，建成一条互利合作共赢的经济带，以实现优势互补，使其成为促进区域经济合作的新引擎。

1. 推动贸易便利化

孟中印缅区域合作可以将大湄公河次区域各国的贸易便利化措施作为范本，在改善市场准入、取消非关税壁垒、贸易便利化等方面采取措施。孟中印缅次区域各国政府可实施针对其他成员国的出口商品零关税政策，通过消除贸易壁垒促使贸易更加平衡。鼓励相互投资和合资企业，争取今后在孟中印缅次区域达成地区贸易安排。

2. 共同打造商贸中心

依托昆明、曼德勒、达卡、加尔各答等主要节点城市，以及云南的保山、瑞丽，缅甸的密支那、木姐、腊戍，印度的雷多、因帕尔、锡尔杰尔，孟加拉国的苏塔坎地、科克斯巴扎尔、杰索尔、本那普等口岸城镇，加快改造建设一批内外贸一体化的商品交易市场，以及集加工、包装、集散、仓储、运输等功能于一体的区域性商贸中心和配送中心。积极发展集装、散装和冷藏运输，加强区域物流合作，强化物流信息服务，推动建立高效、快捷的供应、销售体系，不断降低商贸物流成本。

3. 共建工业园区

在四国交通沿线、中心城市、商贸节点市镇布局产业园区。可以建立农产品加工区、农用机械化肥农药产业园区、印度软件、医药等高科技工业园区、纺织品工业园区、印度畜牧业及奶产业园区、特色农业种植园区等；在昆明、红河州、大理、瑞丽、西双版纳、保山等地建立金融中心、跨境旅游集散地、电子商务中心、跨境体育赛事基地等。近期可优先启动云南（滇中产业集聚区）和西孟加拉邦工业园区或经济特区建设，为企业提供集群式发展的平台。

4. 推进口岸通关便利化

加快提升口岸基础设施，推进电子口岸建设，实现跨地区、跨部门、跨行业信息共享和联网核查，构建新型、便捷的通关模式，推行“一站式”通关等便利化措施。完善口岸运行监测体系，建立口岸信息发布制度、社会对口岸便利化的评价机制和口岸突发事件的应急管理制度。近期重点推动实施《大湄公河次区域便利客货跨境运输协定》及其附件和议定书，先期实现与缅甸之间人员和货物的便捷流动。

5. 建设“孟中印缅经济走廊门户网站”

为推进孟中印缅国家间的信息沟通、经贸往来，云南省可以积极承建“孟中印缅经济走廊门户网站”。网站主要内容可包括资讯、货物贸易、服务贸易、投资服务和相关的政策法规等信息。各成员国政府部门或企业都可以在线发布信息，与其他成员共享商务信息，并可实现企业介绍、产品展示、在线交易、在线支付等电子商务功能。以促进区域内各国货物贸易、服务贸易与投资等相关产业合作发展为目的，为中国和孟印缅三国企业和人民提供政策、商讯等方面及时、权威和全面的信息。

6. 推动孟中印缅自由贸易区建设

可由国家发改委、商务部等部门牵头，云南省参与，联合印度、孟加拉国、缅甸有关部门，启动孟中印缅次区域自由贸易区研究。主要内容是消除发展贸易的障碍，积极发展边境贸易、过境贸易和转口贸易。建议在孟中印缅地区合作框架下进一步增加边境贸易点数量，扩大贸易商品种类和日交易量限额，改善边境贸易场所基础设施。可以在昆明、红河州、德宏州、西双版纳州、昆明空港区等选取相关园区或片区设立海关特殊监管区域，并根据先行先试推进情况以及产业发展和辐射带动需要，逐步拓展实施范围和试点政策范围。自由贸易试验园区的内容包括综合保税区、保税物流园区、保税港区和出口加工贸易区以及金融服务、社会服务区等。

（三）能源合作

孟中印缅四国应充分发挥区域能源互补优势，以现有能源合作为依托，以电力和油气合作为主线，以新能源合作为动力，以能源建设、服务贸易、装备出口贸易为支撑，着力建设孟中印缅油气走廊、电力走廊和民生用能合作示范区，促进和提高区域能源开发与利用水平，使能源合作成为经济走廊建设的先行先试领域和重要驱动力。未来 3 ~ 5 年内，云南可考虑重点参与推进以下合作项目。

1. 中缅油气管道在缅甸境内的分输工程

中缅油气管道运营后，缅甸每年可从分输口下载不超过 200 万吨的原油和总输量 20% 的天然气。管道在缅甸境内途经若开邦、马圭省、曼德勒省和掸邦，在皎漂、仁安羌、当达和曼德勒设有油气分输口。近期，云南可积极推动中缅油气管道在缅甸境内的分输工程建设，为缅方的工程建设提供一定的资金和技术援助。另外，为了使缅甸能充分利用从中缅油气管道分输口下载的油气，云南可以根据缅甸对油气的既定用途设计，帮助缅甸建设油气发电厂、改造和新建区域油气分输管网。通过帮助缅甸充分利用从中缅油气管道下载的油气，使缅甸人民和中国人民共同收获中缅油气管道的合作成果，使普通百姓从中缅能源合作项目中直接受益。同时建议由云南省发改委、能源局和中石油管道公司等相关部门沟通协调，加快推进中缅油气管道复线的研究论证工作，争取将其纳入国家“十三五”相关规划。

较远期可考虑积极推进孟印两国参与缅甸国内油气管道改扩建，努力促成孟印跨境石油管道建设，探索建设从印度西里古里（Shiliguri）到孟加拉国帕巴蒂布尔（Parbatipur）的石油管道的可能性。

2. 建设小其培电站民生用电示范区

小其培电站位于伊洛瓦底江上游干流恩梅开江与一级支流其培河交汇区，由中电投云南国际电力投资有限公司开发建设，装机量为 99 兆瓦，年发电量为 5.99 亿千瓦时。在 2012 年缅甸政府军和克钦独立军的冲突中，小其培电站曾遭到破坏。2013 年 9 月，小其培电站恢复发电，并相继向其培市和密支那地区供电。考虑到小其培电站所在地以及周边城市严重缺电，中方可以协助缅甸扩大周边地区的电网建设，进一步扩大小其培电站向缅甸城乡的供电范围。通过建设小其培电站民生用电示范区，使更多的缅甸百姓获得切实的电力保障，提高缅甸民众对中国能源企业和中国投资的认可度和支持度。

3. 参与缅甸的电网改造与建设

缅甸电网改扩建工程非常浩大，涉及输电、配电、变电建设等各个环节，对设备、技术、管理等各方面要求都较高。云南在国际输变电工程承包方面已经具有不少的经验优势。近期，可根据缅甸电力发展的需求，争取与缅甸合作开展仰光和曼德勒的电网改造项目。建议由云南电网公司、云南省能源局等有关单位协调，积极向商务部援外司申请专项援助资金，帮助缅甸在这两个城市实施电网入户改造工程，以此提高电力输送能力，降低电力传输损耗率，使更多民众能感受到中缅能源合作项目带来的实惠，促使缅甸对华民意能在较短时间内发生较为明显的转变。

4. 援助孟加拉国和缅甸开展能源发展规划研究项目

能源发展规划是国家能源工业的发展蓝图，对国家能源产业乃至整个国民经济的发展至关重要。目前，孟加拉国和缅甸未能完全掌握本国的能源现状，对未来的能源发展也缺乏整体的、长期的规划。云南有资金和能源技术优势，具备丰富的能源项目规划咨询经验，云南省商务厅等部门可以组织相关机构与企业，向孟加拉国和缅甸提供资金、咨询服务和技术援助。帮助孟、缅开展能源发展规划研究项目，不仅有利于孟、缅国内能源工业有序发展，同时也有利于孟中印缅次区域更好地开展能源合作。

5. 开展新能源科技培训项目

云南在新能源技术与应用上较孟加拉国、印度和缅甸有相对优势，可加强与三国在新能源技术上的交流与合作，为孟印缅提供更多的新能源技术人才培训。一方面，充分利用中国—东盟教育培训中心新能源与可再生能源科技培训中心、云南省沼气工程技术研究中心等现有的培训机构，为孟印缅三国的技术人员提供培训。另一方面，利用云南和孟印缅高校间的合作以及政府奖学金，吸引更多的留学生到具备专业优势的云南高校就读相关专业，通过系统的学习，扎实掌握新能源利用技术。同时鼓励云南的新能源技术人员和研究机构走出国门，积极参与孟加拉国、印度和缅甸的新能源技术开发和新能源利用项目。

6. 实施能源设备出口项目

目前我国能源设备已经在孟印缅三国占据了一定的市场，并取得了较好的口碑。孟印缅能源工业巨大的发展空间也为云南扩大能源设备出口提供了契机。云南可以通过与孟印缅签订相关协议，就能源设备供销优惠条款达成一致，以能源换设备、免息分期付款等方式，向孟印缅提供性价比更高、更具竞争力的能源设备。云南省商务厅及地方州市可组织能源设备进出口企业，积极开拓并占领周边市场。企业也要加大与相关科研机构的合作力度，加快研发适用于孟印缅地区的能源设备，尽快形成云南的技术与生产优势。通过扩大对缅甸及孟加拉国、印度能源设备输出的品种和数量，进一步带动云南其他工业品的出口。

7. 参与印度农村微电网建设

印度的很多乡村至今仍无法获得正常的电力供应，印度主要通过发展小型微电网改善乡村供电。云南省可组织云南电网公司等相关企业、部门积极参与印度的微电网建设，以小促大，为双方进一步开展能源合作奠定基础。可以通过以下三种方式进行：一是对印度需要发展微电网但缺乏资金的乡村进行投资；二是有技术优势的企业可以利用其在太阳能光伏利用上的优势，以技术入股，与印度本土企业合作；三是对印度微电网对外招标项目积极投标，参与承建印度农村的微电网。

（四）农业合作

鉴于目前的合作条件，云南可充分发挥农业互补优势，加强技术交流与合作，支持和鼓励农业企业、行业组织到孟印缅进行投资、跨国生产经营，建设农业跨国产业链、产业带。提高区域农业发展水平，改善贫困地区的落后面貌，为推进孟中印缅经济走廊建设打好经济和民意基础，使农业合作成为“孟中印缅经济走廊”区域合作品牌。近五年内，可重点推进以下项目。

1. 与缅甸合作新建现代农业示范园

用足用好现有政策，在继续支持缅北替代农业的有序发展的同时，抓紧落实《缅甸联邦共和国掸邦政府与中国云南省临沧市人民政府关于农业合作备忘录》和《缅北农业开发合作区建设规划》，充分利用现有政策和资金支持临沧市、德宏州、保山市推进与接壤的缅北地区建设农业开发合作区、农业示范区，让边境州市先行先试，发挥示范和带动作用。缅甸政府高层对于把克钦邦密支那以北至德乃合作开辟为甘蔗种植园区并进行深加工的建议非常感兴趣，建议省商务厅和保山市组织有关部门和企业跟进这一项目。

2. 在中缅边境建设畜牧业跨境合作区

为加强边境重大动物疫病监测预警，有效维护边境畜产品安全，促进农产品贸易发展，云南省农业厅、地方州市应与缅方加强沟通交流，选择适宜地区，积极推动在中缅边境地区建设畜牧业跨境合作区。合作区可包括种草养畜示范区、屠宰加工区、生产科技引领示范区等功能区。通过开展畜牧生产科技示范、加强动植物疫情信息交流，加强防控药物研发合作，建立起中缅边境动物疫病联防联控工作机制，确保中缅两国的畜牧业生产安全和人民生命安全，并进一步深化畜牧兽医部门间的对口合作，开展畜牧兽医科技人员培训，实现畜牧生产技术信息共享。

3. 与缅甸合作开发替代种植和粮食种植项目

为满足我国将来粮食进口和农业产业结构调整需要，云南应重视同缅甸等周边国家的粮食种植与加工合作。缅甸农业发展潜力很大，但无论是在缅甸北部干旱地区建设高产稳产农田，还是在缅甸南部种植双季作物地区，都需要挖管井和扩大现有的灌溉设施。云南可利用打井蓄水进行节水灌溉的技术经验，以政府援助的形式为双方合作的切入点。云南省农业厅、商务厅等部门可以组织云南粮食种植与加工企业，积极参与缅甸土地开发招商，向缅甸承包或租购土地，获取土地经营权，通过在缅甸创办粮食种植农场和园区，采用“公司＋基地＋农产”的经营方式，带动当地农民增收致富，培养当地民众对中国的好感，为大面积承包、租购良田开展粮食种植并进口回云南加工打下基础。集中财力、物力建设粮仓，争取到2020年，使缅甸成为云南乃至我国主要的粮食进口渠道。

4. 实施农机具制造装配出口项目

孟印缅三国的农业机械化程度还较低，对农机产品的需求量大，加大对孟印缅农机具的出口是云南的优选项目。云南商务厅以及各地方州市要抓住机遇，积极引导云南农业机械进出口企业，组织适合孟印缅国家所需要的农机具货源，开拓并占领市场，保证云南获得稳定的农机出口渠道。云南企业也要加强与各级农业科研院所的合作，加大农机新机具研究开发力度，尽快形成云南农机具的技术与生产优势。争取在昆明建立起农机具制造基地，生产孟印缅所需的各类型收割机、抽水机、喷灌机及其他农机具，扩大对孟印缅农机产品输出的品种和数量，力争使云南对周边国家农机具的生产加工出口份额逐年增大，并通过农机产品出口，进一步带动云南其他工业品的出口。

5. 联合建立农业科技研发中心

孟印缅三国对于运用农业科技提升传统农业的需求日渐增长，云南与周边国家开展农业科技合作的潜力巨大，通过双边或多边合作，有望实现合作各方互利共赢。针对周边国家面临的农业资源评价，新品种选育、优质高产栽培、植物保护等问题，云南省农业厅、科技厅等部门应组织省内农业科研院校、研究所和相关企事业单位，积极推动在昆明建立孟中印缅农业科技研发中心。与周边国家共同开展新品种选育、有机栽培、特色农业种养技术等研究应用，集成生物、信息等现代新技术改造和提升传统农业，推进其产业化经营，共享最新农业技术成果与经济效益。

6. 开展农业技术培训项目

云南已经确立了在大湄公河次区域农业科技合作中的主导地位，云南可进一步发挥优势，为孟印缅三国的农业科技人员提供科技培训服务。一方面，可以依托云南农业科学院、云南林业科学院、云南农业大学、西南林学院等院校现有的教学设备、师资力量、办学经验及对外合作基础，建设面向缅甸、孟加拉国、印度的农业技术人才培训基地。联合建立农业奖学金，培养资源开发利用、遗传育种、高产栽培和病虫害防治等高素质专门人才。另一方面，要积极组织云南的农业技术人员和研究机构走出国门，赴孟加拉国、印度和缅甸进行培训和指导，提升当地农业技术水平，以实际行动实践“亲诚惠容”的周边外交新理念。

（五）人文合作

国之交在于民相亲，民之亲在于心相知。加强孟中印缅人文领域的交流与合作，对于增进相互了解和友好感情具有重要意义。要立足扩大往来、深化了解、增进友谊、促进发展，以教育、卫生、科技、文化、人力资源开发等领域为重点，广泛调动地方政府、高等院校、研究机构、新闻媒体、民间组织等力量，从机制建立、平台建设、项目推进等层面，开展多种形式的人文交流与合作，扩大民间往来，增进四国人民的相互了解和友谊，丰富孟中印缅经济走廊内涵，为孟中印缅经济走廊建设夯实民意基础、拓展发展空间。

1. 实施留学和推广汉语项目

一是搭建政府高层教育交流磋商机制，开展教育高层对话，争取举办“孟中印缅教育合作论坛”，促进教育交流合作，以此推动云南成为面向南亚、东南亚的教育合作与交流的重要基地。二是以政府资助、市场运作和委托招生等多种方式，在缅甸仰光、曼德勒，孟加拉国达卡，印度新德里、孟买、加尔各答等地设立教育工作处，扩大招生和宣传。以奖学金为导向，扩大招收孟加拉国、印度、缅甸来滇留学生，开展实施留学云南计划。三是对已合作建成的孟加拉国达卡大学孔子学院，缅甸曼德勒孔子课堂、仰光孔子课堂和汉语培训中心进行精品建设，提升教学质量、推广教学经验。争取与孟印缅方合作，举办多所孔子学院、孔子课堂。四是结合云南文化特色，依托云南各级院校现有资源，每年定期组织举办孟中印缅大中小学生的“汉语桥”夏令营，开展学习汉语和中国文化活动。

2. 实施医疗合作项目

一是发挥云南的医疗资源优势，向缅甸、孟加拉国、印度提供更多免费医疗援助服务。可以组织对白内障和疟疾等一些常见病的防疫治疗开展医疗合作，共同开展为白内障患者提供复明手术的“光明行”活动，为唇腭裂患者提供矫治手术的“微笑行动”活动等。当前要重点扩大医疗合作在缅甸的影响力，除了重要城市仰光和曼德勒以外，也要到一些边境地区开展相应合作，加快完善中缅边境卫生合作机制。二是与缅甸、孟加拉国、印度当地政府共建医疗中心，援助设备耗材，并由云南相关医疗机构将定期派出专家赴当地开展诊治活动。三是提供孟印缅医护人员入滇培训的机会以“授人以渔”。培训主要以授课、带教的形式，让外方医护人员将“技术带回家”。通过在常见病方面与孟印缅三方开展合作，不但能够增进友谊，对日后促成药物、医疗器械的出口以及其他领域合作也有诸多益处。四是与孟印缅在提升社会对艾滋病危害的认知度、疫苗接种等方面共同开展培训和学习项目。

3. 加强文艺交流活动

一是开展“中国优秀影视作品展”。发挥中国在影视、现代传媒等方面优势，由中方向孟印缅提供电视专题片和纪录片，与三方在电影、广播和电视领域加强交流合作。进一步完善广播影视业产品、服务对外输出与供给体系，增进周边国家普通民众对中国的了解和认识。二是组织“孟中印缅文艺巡演”。通过展示孟中印缅各国的优秀文化和艺术，增进地区间人文交流，扩大合作的民意基础。三是开展孟中印缅经典及当代作品互译工程。加强文化部门的沟通，组织相关学者、翻译机构共同合作，推广孟中印缅地区经典作品。探索构建地区间博物馆和其他文化机构交流平台，四方文化部门建立定期交流机制，促进文化合作。四是互相协作、定期举办国家主题周，举办展览和文化展演，展示与宣传四国在文学、影视、表演艺术等领域的重要成果。促进更多的民间文化机构加入孟中印缅经济走廊的文化交流与合作中，扩大孟、中、印、缅四国人文交流的影响力和宣传力。

4. 深化孟中印缅媒体合作

从长远看，要从根本上推动地区合作健康、可持续发展，离不开一个客观、平衡的舆论环境和准确研判对方言行的思维方式。不论是传统媒体还是新兴媒体有责任带头一点一滴地培养成熟理性的舆论环境。一是争取在云南举办“孟中印缅媒体高峰论坛”。长期以来，四国媒体间直接交流很少，相互报道中存在许多客观性问题，一些无中生有、断章取义、渲染歪曲的炒作，对国家关系与地区合作带来不少噪声和猜忌。通过孟中印缅地区知名媒体“面对面对话”的方式，可以进一步减少误解、增进互信。二是组织“孟中印缅媒体互访活动”。协调组织云南日报社、云南国际广播电视台等媒体力量，加强与孟印缅三方媒体的沟通合作，通过媒体互访的方式，以更直接、客观、更有质量的报道，推动孟中印缅经济走廊的建设。

5. 在减贫和农村发展领域开展示范项目

一是举办“孟中印缅区域减贫论坛”。区域减贫论坛每两年举行一次，每次确定一个主题，由各国轮流主持。参与人员除成员国代表外，还可邀请有关国际组织、企业界和非政府组织代表。二是四方合作开展以农村社区为基础的综合性发展项目。选择在缅甸、孟加拉国开展合作项目，通过改善农村社区的生产生活条件，提升社区农业人口的生产效率和劳动技能；为社区居民的生产经营活动提供小型金融支持，提高社区居民自我积累、自我发展的能力，帮助社区居民实现增产增收。三是开展减贫和社会发展领域的培训和政策咨询合作项目。加强本区域内各国减贫领域的比较研究，进一步总结、提炼和分享各国成功的经验及模式，支持减贫专家为各方提供政策咨询和减贫技术援助。

6. 跨境流域生态保护合作项目

一是建立雅鲁藏布江—恒河—萨尔温江跨境流域生态保护。目前，中、印、缅三国政府和国际山地综合发展中心（ICIMOD）已合作开展了雅鲁藏布江—萨尔温江景观保护项目，其目的是维持和改善该区域的生物多样性景观。在此基础上，针对中、孟生态区跨境保护的合作方式，积极推进乞拉朋齐—吉大港山区景观保护项目；同时，开展独龙江—大盈江—伊洛瓦底江跨境生态保护与合理利用国际合作。二是在昆明联合建立区域生物多样性研究和发展合作中心。依托该中心，将我国成功的生态保护管理机制如保护区社区参与式模式、森林经济模式等，在孟中印缅经济走廊合作建设推广应用，以实现生态保护与经济发展双赢。

（六）旅游合作

孟中印缅山水相连、地缘相近，旅游资源有着较强的互补性。四国国情各异、制度不同、宗教信仰有别，各国都拥有独特的地域文化、历史遗产及自然、人文旅游资源，加强旅游合作有着良好基础和广阔前景。可以重点考虑推进以下项目。

1. 建立孟中印缅旅游专线

针对目前孟中印缅经济走廊区域内，跨境旅游精品线路较少，未能彰显特色，组织各国旅游部门及旅游企业，对区域内黄金旅游线路进行考察，共同研究、设计凸显各国特色的旅游产品及旅游线路，形成合作开发客源市场、联合宣传促销、共建旅游环线的机制。争取获得世界旅游组织及联合国亚太经济与社会委员会旅游协会的支持和帮助，进一步促进旅游业和旅游设施的发展，以及交流旅游设施更新信息。通过立法的形式出台系列旅游法律法规，实现双方互免签证区的全面旅游对接，为消除对公民自由出行的限制提供法律制度保障。

2. 构建中缅国家公园无障碍生态旅游圈

依托我国已建的高黎贡山国家级自然保护区，与缅方合作共建跨越高黎贡山东坡（中方）和西坡（缅方）的生物多样性保护区。通过国际合作，从生态系统完整性和服务功能整体性上有效地保护该区的生物多样性。进一步将两国已接壤的保护区连接起来，在景观资源丰富的区域建立高水平示范性的国家公园。一方面可以为中国及世界各国游客带来新的旅游目的地，另一方面可以减轻缅甸方面自然保护的资金困难。同时，通过生态旅游业的发展，开展保护和发展的示范和试验，并带动整个区域的发展和进步。

3. 开展区域旅游产品的宣传项目

在孟中印缅区域内，积极开展互为目的地的旅游宣传促销活动，以专项旅游和特色旅游为突破口，全面开拓和发展区域内旅游宣传促销合作。在中国举办“印度旅游年”“缅甸旅游年”等系列活动，积极支持和参与各方组织的各类旅游节庆、展会及考察活动，并在各类旅游交易和推介会上，主动推介各方的旅游资源和产品。利用好现有的空中航线，加大区域旅游产品、线路的宣传力度，推动四国之间相互进行商贸和旅游发展，并促进第三国旅游者在孟中印缅地区的流动。

4. 建设孟中印缅旅游信息共享网络平台

构建孟中印缅旅游信息共享网络平台，发布旅游景点及相关资讯，方便民众及时了解各国旅游信息。同时，通过旅游平台发布各国旅游业信息，加强区域内旅游企业相互投资和合作。孟中印缅各方应积极组织和鼓励本国的旅游企业以资金、技术和管理等形式到其他三国独资、合资、合作进行旅游开发，并对投资者给予政策上的优惠和服务上的最大方便。各国的旅游企业应建立良好的合作关系，推动合作逐步扩大和加深。尽可能整合资源，促成旅游圈构建旅游战略联盟，组建跨国经营的旅游企业，真正实现孟中印缅旅游圈的互惠共生、共同发展。为促进地区旅游业向前发展，四国应采取措施，尽量缩短办理签证的时间。

5. 开展旅游人才交流培训项目

一是加快培养、培训和引进适应孟中印缅旅游圈需要的区域化、国际化旅游管理人才，四国之间应通力合作，共同打造旅游教育合作论坛，促进各方旅游人才之间的相互学习和交流，并在四国的著名高校开展各级各类的合作办学项目。二是开展旅游人才交流培训项目。云南省的旅游教育培训体系已较为成熟、颇具规模，已形成高等院校为主体，高职高专院校、中职学校为辅的旅游管理人才学历培养和实践教育相结合的综合体系。可充分利用云南有利的教育条件和教育资源，围绕旅游教育培训展开合作，不定期举办中孟印缅高级旅游管理人才研修班，为各国培养适应区域旅游合作的国际化、专门化旅游管理及服务人才。

除了上述主要领域，在金融、生态保护、水资源利用、国际扶贫、非传统安全等其他领域，孟中印缅地区也可根据条件及时机积极开展合作。通过尽快启动早期收获计划，形成辐射和拉动效应，为经济走廊建设提供重要动力。

五 云南参与孟中印缅经济走廊建设早期收获项目的对策建议

孟中印缅经济走廊建设是一项长期、复杂的系统工程，涵盖众多领域，涉及国内国外。既需要国家层面切实加大支持力度，加强整体规划和协调推进，也需要我们从云南的角度考虑，立足当前，着眼长远，综合协调，积极探索推进经济走廊建设的方式与途径。当前要充分认识实施早期收获项目对推进孟中印缅经济走廊建设的重要价值和长远意义，积极利用好比较优势，联合共建，多管齐下，在多边及双边基础上以具体项目为合作内容，推动孟中印缅经济走廊建设取得重大进展。

（一）国家层面

1. 做好孟中印缅经济走廊建设的顶层设计

尽快制定孟中印缅经济走廊建设的战略规划。高度重视孟中印缅经济走廊建设工作，争取将孟中印缅经济走廊列为国家“一带一路”战略的重要内容加以规划实施。努力从国家战略层面进行设计和推动，切实解决孟中印缅经济走廊建设中的有关问题，以促进互利共赢和共同发展。建议由国家发展改革委牵头，联系协调相关部委及云南等省有关方面，在全面系统调研、综合考虑各方利益和各种复杂因素的基础上，制定出一个能为相关国家所接受的国际合作战略方案。与其他三国共同出台更多相应的合作项目，加速四国的经济合作与整合。合作中要注重发挥中印两国的主导作用，尽快联合缅甸、孟加拉国，政府应开展已经达成共识项目的可行性研究，更多地介入基础设施建设及贸易、物流、人员流动便利化政策措施的制定。

2. 完善孟中印缅经济走廊合作制度与机制

孟中印缅经济走廊建设需要多方协调合作，才能取得更多实质性的进展。为此，需要建立不同层次的合作机制，以加快推进孟中印缅经济走廊建设。一是建议参照大湄公河次区域合作机制的经验，尽快建立四国合作的首脑协调（峰会）机制和部长级协调机制（部长级会议），在昆明设立联合办公机构。争取将峰会作为经济走廊建设的最高决策机构，每两年召开一次，各成员国按照国名字母顺序轮流主办。部长级会议每年举行一次，下设专题论坛和工作组。二是建立走廊沿线城市政府部门间的协调机制，实现双边或多边及多领域的合作与互动。三是建立产业合作机制，加快项目落实，将产业合作与孟中印缅次区域相结合，以项目促进经济走廊的建设。四是建设和完善商会交流合作机制，推进孟中印缅企业间合作。五是建立民间交流合作机制，密切双方人员往来，增进相互了解，深化地区合作。

3. 整合和拓宽孟中印缅经济走廊建设资金来源

孟中印缅次区域经济发展水平相对滞后，开发合作启动的关键因素在于资金。孟中印缅四国要携起手来，共同创造更好的软、硬投资环境，增强对国际投资的吸引力。一是四方需要联合争取国际组织和其他方面对孟中印缅地区经济合作给予资金、技术和智力支持。积极争取联合国开发机构、世界银行、国际各种基金组织、发达国家政府和民间机构、跨国公司、私人投资者来经济走廊沿线地区投资开发。为了有效吸引外来资金，要建立有进有出的投资融资机制。二是积极推动亚洲基础设施投资银行的筹建工作，争取孟中印缅经济走廊合作能获得多渠道的资金支持。充分利用“亚洲基础设施银行”“丝路基金”等平台和资源，为孟中印缅四国在能源、基础设施等领域的合作提供资助。三是我国作为该地区最大的经济体，可以积极通过贴息贷款等措施，鼓励我国企业出境投资办厂、金融组织出境开设机构，加大投入力度，调动各方力量为经济走廊的建设服务。

4. 建立孟中印缅经济走廊建设风险评估体系

孟中印缅经济走廊对于中国的周边外交布局有重要意义，但是，中国参与这一区域的合作也面临一系列的政治、经济和安全风险。一是建议由商务部主导建立健全经济走廊能源合作风险评估体系，定期发布风险防范指南，指导企业建立境外安全管理制度和境外安全突发事件应急处理机制。一旦出现突发事件，要启动应急管理，立即采取积极的应对措施，将不良影响和损失降至最低点。二是相关研究机构要加强对孟中印缅经济走廊建设的研判，当前要重点关注缅甸政治经济转型的动态和趋势，为政府和企业提供参考。确保我国参与的孟中印缅经济走廊合作项目实现利益最大化，风险最小化。

5. 重视并加强孟中印缅经济走廊建设的宣传推介工作

推进孟中印缅经济走廊建设需要处理很多方面的问题，要广泛争取相关各方的理解、信任和支持。着力加大外宣工作力度，全方位、多渠道向印度、缅甸、孟加拉国等国推介和展示走廊建设的意义和作用，以消除疑虑，增强互信，并吸引更多外部资源参与走廊建设。一是要通过中国—南亚博览会、孟中印缅地区经济合作论坛等平台进行宣传。要“走出去”进行沟通和宣传，以提升孟中印缅经济走廊的国际影响力。二是改进宣传方式。在对外宣传中要强调互利以及给沿线地区和人民带来实际的利益，消除周边国家的疑虑。三是建立有效的、双向的信息传播机制。加大中国媒体与印缅孟官方媒体的合作，促进中国媒体与印缅孟民间媒体的合作，加大对网络信息平台建设的支持力度。鼓励和引导国内与相关 NGO 组织创建网络平台，促进双方的交流与合作。四是发挥公共外交的作用，争取获得各国民间和舆论的支持。政府官员和学者要加强交流，及时有效地将中国发展理念传播到孟印缅等国家。华人华侨、民间组织等也要通过多种方式到孟印缅国内开展公共外交活动，积极与孟印缅三国各层面进行沟通、协商，争取各方对建设孟中印缅经济走廊的理解与支持。

6. 积极应对区域外其他国家干扰而带来的阻力

孟中印缅四国关系虽然不断改善，但是仍然存在一些问题，特别是在经济走廊建设牵涉中国与东盟、南亚甚至域外国家关系的情况下，需要不断改善和发展四国的关系，进一步增信释疑。一是四国要把发展友好关系、加深政治安全领域的互信作为一项重要任务，尽量形成定期会晤机制，进一步增加各层次交流，切实增强双边、多边关系的稳定性，以形成推进孟中印缅经济走廊建设的合力。二是要积极应对区域外其他国家带来的阻力。就外来因素而言，美国的南亚战略与行动，以及美国对缅甸外交政策的调整，对经济走廊建设的影响不容忽视。中国在参与孟中印缅经济走廊合作的进程中必须处理好这一核心干扰因素。此外，近年来日本在缅甸开展了日益广泛的经贸合作，对中国企业形成了激烈的竞争，对此要密切关注，并确保我国在缅的重大项目。从中国海外资源开发和合作的经验来看，必须做到"官民分开"，这样才能有利于消除政治因素与意识形态因素的干扰。另外，也要跟相关国家及地区组织积极交流，甚至在必要时适当地做些解释和说明工作，争取各方的理解和支持。多渠道推进友好合作关系发展，才能更好地推进经济走廊建设。

（二）云南省层面

1. 加强组织领导

经济走廊建设是一项长期性的艰巨工作，需要强有力的组织领导和组织协调才能有序推进。一是请求中央将云南省作为我国参与孟中印缅经济走廊建设的主体省份，赋予参与区域合作的相应权限，促进云南同周边国家政府与地方部门的沟通与协调，并在方案制度中予以倾斜考虑和重点支持。在昆明设立经济走廊建设中央综合协调领导小组云南办事机构，加强对云南有关工作的指导。

二是云南省成立经济走廊建设协调领导机构，与省桥堡办合署办公，有效整合、充实省桥堡办、澜湄办工作力量，长期配合国家有关部委开展此项工作。省各级相关责任部门也要切实把走廊建设摆在重要位置，加强领导、精心组织，确保建设工作顺利推进。

2. 深化经贸合作

目前，云南与孟印缅是重要的经贸合作伙伴，但合作形式和内容比较单一，合作层次低，贸易结构不合理，必须秉持开放合作的精神，不断拓宽合作领域，推进合作形式向多元化发展。

一是积极推进走廊沿线产业地域性聚集和专业化分工，提高走廊沿线产业内贸易的强度和扩大规模。依托昆明、大理、保山等主要节点城市，以及瑞丽、勐阿、腾冲、孟定、章凤等口岸城镇，加快改造建设一批内外贸一体化的商品交易市场，以及集加工、包装、集散、仓储、运输等功能于一体的区域性商贸中心和配送中心。拓展与走廊各方在跨境劳务、国际运输服务、国际货物保险、国际结算服务等传统领域开展服务贸易业务，推进货物贸易和服务贸易相互促进。

二是加快推动云南企业“走出去”，并优先在农业种植、装备建材、矿业加工、电子信息、生物医药、能源开发、商贸物流、旅游金融等领域与印缅孟三国开展产业合作。积极鼓励云南企业在印度、缅甸、孟加拉国投资建设“中国投资和制造业园区”，加快合作建设好密支那经贸合作区、皎漂经济区。支持三国赴云南投资建立特色产业园区，鼓励在云南滇中产业聚集（新）区，建立软件、医药和高科技等工业园区。支持在瑞丽等地建立印度畜牧业及奶产业园区、缅甸种植园区等。

三是提升会展业规模和层次。继续办好中国—南亚博览会、中国昆明进出口商品交易会。提升孟中印缅地区合作论坛、中国—南亚商务论坛、中国（昆明）国际花卉展和昆明泛亚国际农业博览会等展会活动的规模和层次，将昆明市建成面向东南亚、南亚的区域性国际会展中心。

3. 强化产业支撑

一是建设一批国家级的承接东中部地区产业转移的基地和面向东南亚、南亚的出口加工基地，吸引一批能充分利用两种资源、两个市场的两头在外企业①到云南落户发展。在云南布局一批石化、物流、生物、现代服务业、新能源等新兴战略性产业，加快构建内引外联的特色优势产业体系。争取将援助东南亚、南亚国家的项目，优先交给云南有资质的企业承担或在云南省内进行招标。

二是加快物流业发展。依托对内连接中西部各省（区、市）、长三角地区、珠三角地区，对外连接东南亚、南亚，直达印度洋的国际物流通道，加速发展现代物流业。整合已有的

---

① 指九成以上原材料依赖进口、九成以上产品出口的企业。——编者注

物流信息平台以及商务、海关、交通运输等物流信息资源，建设面向东南亚、南亚的物流公共信息平台，引进和培育一批物流企业。推动物流业国际合作，积极吸引世界知名物流企业在西南地区设立区域性总部，促进第三方物流发展。

三是强化金融业服务功能。把昆明建成面向东南亚、南亚的区域性金融中心。支持东南亚、南亚国家银行等金融机构到云南省设置分支机构。支持富滇银行等符合条件的地方金融机构到东南亚、南亚国家设立分支机构。加快昆明国际金融产业中心园区建设。增加云南省跨境贸易人民币结算试点企业数量，扩大结算规模。支持在滇各金融机构与东南亚、南亚国家开展双边本币结算合作，为企业双边本币结算提供服务。开展人民币与周边国家币种的直接挂牌兑换试点业务，建立支付清算机制。

四是完善科技创新服务体系。推动现有科技创新资源的整合，加强与国内外著名院校、科研机构及跨国企业的研发合作。搭建国际科技合作平台，完善中国—东盟科技论坛机制，推动与东盟和南亚各国在矿产资源开发等优势互补领域的双边或多边科技合作。

4. 力推能源合作

根据缅印孟三国能源资源丰富、电力紧缺、设备及输送网络等基础设施落后的特点，积极参与推进区域内水电、太阳能、风能、油气、生物质能等能源资源的合作开发利用，大力发展区域能源贸易、完善能源输送体系，提高能源效率。

一是建立完善能源合作机制。首先加强与孟、印、缅三国政府间的沟通，形成政府间的专门针对经济走廊能源合作的对话机制，共同谋划经济走廊能源合作。其次要重视和发挥现有合作平台的影响。多层次、多领域、多形式推进孟中印缅经济走廊能源合作。再次要发挥联合国贸发会议、世界银行、亚洲开发银行等国际组织的协调作用。重视并加强与有关国际组织的合作，充分发挥其地区协调人的作用，帮助消除孟中印缅经济走廊在能源合作进程中的基础设施制约和国别政策障碍。

二是选准能源合作的途径与方式，提高合作层次和水平。首先在孟中印缅经济走廊能源合作的进程中，可以更多地推进多边合作项目，不仅有利于消除政治顾虑，也更有利于节约资本。其次，加大扶持力度，支持民营企业灵活参与。进一步扶持有实力、有潜力的民营企业以灵活方式参与孟中印缅经济走廊能源合作项目，为中国与周边国家的能源合作注入新的活力。

三是重视能源基础设施建设。能源基础设施建设是孟中印缅开展能源合作的一大要务，也是最容易从合作规划走向合作现实的切入点。一方面，受资金和技术的限制，孟、缅的能源基础设施非常薄弱，加快电网和炼油厂等能源基础设施建设。另一方面，为了促进能源在孟中印缅走廊内的流通，必须加快孟中印缅地区的交通互联互通，统筹谋划区域内的能源输送通道建设，完善区域运输网络，提高能源跨国运输能力。通过能源基础设施建设，推动地区能源网络的构建，使孟中印缅的能源网络实现对接。而能源基础实施项目建设的辐射作用必然会带动沿线经济和社会的发展，为孟中印缅经济走廊的建设和发展提供良好的环境。

四是扩大新能源合作。孟中印缅要加强新能源开发利用合作，积极开展太阳能、风能、沼气、地热能、潮汐能等清洁新能源的推广应用，提高非化石能源占一次能源消费的比重，减少二氧化碳排放量，使经济社会与环境协调发展。

五是建立能源区域性交换枢纽。加快与周边国家在能源管道和电力联网上的互联互通合作。依托中缅油气管道，建设石油炼化基地，以从周边国家进口的油气保障西南地区的油气供应。加强与周边国家的电网联网和电力互换，拓展周边国家的电力市场，将云南建成中国面向东南亚、南亚的能源区域交换枢纽。

六是创建能源信息平台。通过进一步加强网络和媒体的合作，实现能源合作中的优势资源互补，真正达到资源共享。同时对能源合作中可能遇到的或实际存在的问题进行研究和沟通，从而实现互利共赢局面。

5. 拓宽交流渠道

一是加强文化交流。在文学、艺术、影视、民族特色文化等各个领域开展国际巡回展示、交流研讨，积极举办突出走廊各国特色的国际文化周、艺术节、旅游节、图书展、影视展、体育比赛等活动，建立各类文化交流中心，逐步把云南建设成为向周边各国传播中华文化的基地和沟通中外的国际文化交流中心。

二是推动教育合作。加强汉语国际推广基地建设，积极争取国家汉办支持，由云南到印缅孟三国开办更多孔子学院（课堂）。与印缅孟三国教育部门、学校和教育机构建立经常性联系和合作机制，建立面向印缅孟三国的国际教育基地和人力资源开发中心，增加对印缅孟三国留学生的招录数量。

三是开展科技交流合作，促进云南与印缅孟三国在应用研究、技术开发、成果转让等方面的合作。建立中国面向西南开放的科技合作研究中心、科技实验区和科技产业园区。深化与印度在农业、生物、IT 等领域的科技合作，以及与缅甸在农业机械、替代种植、地震研究等领域的合作。

四是促进生态环保合作。针对三国工业发展滞后、技术水平较低的情况，加强在钢铁、有色、水泥、化工、建材等重点耗能行业技术交流。积极向三国推广农业抗旱节水技术、生物多样性保护技术等适应气候变化的技术，与周边国家共同做好资源开发、环境治理、生态保护等方面工作，促进区域生态文明建设。

五是打造旅游产业新优势。培育澜沧江－湄公河水路黄金旅游线、孟中印缅旅游圈等一批跨国跨境旅游精品线路。简化游客出入境手续，提供办证便利服务。深化与大湄公河次区域国家、孟印缅的旅游合作，开展互通车辆、安全警报发布、旅游信息交流等合作，提升区域性国际旅游集散地功能，建设孟中印缅区域无障碍旅游区。争取率先实现昆明—曼德勒—皎漂经济走廊人员交往及旅游的便利化。

六是推进区域安全合作。进一步加强边境治安整治，加大对贩枪贩毒、非法入境等突出问题的查处力度，强化边境维稳情报信息收集研判，建立健全与周边地区的警务合作、协调联络以及反恐合作等机制。

6. 加快口岸建设

一是以公路口岸为基础，提升公路等级。加快提升跨境公路境外段道路等级。推动缅甸密支那至班哨公路、密支那至雷多公路的升级改造。争取将腾冲—滇滩通道纳入国家口岸建设规划，提高通关效率。加强四国协调，提高口岸的通关能力，降低通关成本。

二是加快水路口岸建设，降低货物运输成本。提高澜沧江三个水运口岸航道通行能力。推进缅甸密支那至八莫航道疏浚工程，加强水陆联运的设计与协调。

三是填补铁路口岸空白，加快跨境铁路对接。瑞丽口岸要提前部署铁路跨境对接系统，探索优化火车轨距差异的处理方案。

四是加强航空口岸建设，打造空中国际大通道。加快拓展昆明口岸机场的国际航线，尽快开通昆明直达印度、缅甸和孟加拉国大中城市的直航线路，打造便捷的空中经济走廊。加快推进云南腾冲、芒市机场航空口岸建设。

五是加强区域国际协调，提高口岸整体通关效率。在大理、保山等交通枢纽设置内陆口岸，高效便捷地办理出入境手续，采取中缅、印缅、缅孟和印孟双边口岸联席会议制度和四方联检部门定期沟通机制，为出入境口岸和设施的高效畅通提供保障。

主要参考文献

1. 曹小曙、阎小培：《20 世纪走廊及交通运输走廊研究进展》，《城市规划》2003 年第 1 期。

2. 陈利君：《中巴经济走廊建设前景分析》，《印度洋经济体研究》2014 年第 1 期。

3. 陈继东：《中印缅孟旅游合作》，《南亚研究季刊》2009 年第 2 期。

4. 陈寒溪：《“东盟方式”与东盟地区一体化》，《当代亚太》2002 年第 12 期。

5. 〔法〕弗朗索瓦·佩鲁：《略论增长极概念》，《经济学译丛》1988 年第 9 期。

6. 黄馨：《哈大城市走廊演变机理与功能优化研究》，东北师范大学出版社，2011。

7. 李皖南：《北增长三角：东盟次区域合作的有益尝试》，《中国东盟博览》2007 年第 10 期。

8. 李忠林：《印度的门罗主义评析》，《亚非纵横》2013 年第 4 期。
9. 廖少廉：《东盟“增长三角”的发展历程对泛北部湾区域经济合作的启示》，《东南亚纵横》2007 年第 12 期。
10. 刘鹏：《孟中印缅次区域合作的国际机制建设》，《南亚研究》2014 年第 4 期。
11. 刘稚：《大湄公河次区域经济走廊建设与中国的参与》，《当代亚太》2009 年第 3 期。
12. 刘云：《共生理论视角下“孟中印缅旅游圈”区域旅游合作研究》，《学术探索》2013 年第 6 期。
13. 卢光盛、邓涵：《经济走廊的理论溯源及其对孟中印缅经济走廊建设的启示》，《南亚研究》2015 年第 2 期。
14. 卢光盛、邓涵、金珍：《GMS 经济走廊建设的经验教训及其对孟中印缅经济走廊的启示》，《东南亚研究》2016 年第 3 期。
15. 卢光盛：《地区主义与东盟经济合作》，上海辞书出版社，2008。
16. 陆大道：《区域发展及其空间结构》，科学出版社，1995。
17. 覃柳琴、赵禹骅：《广西临海大通道经济建设的思考》，《桂海论丛》2008 年第 4 期。
18. 任佳：《孟中印缅地区经济合作与经济走廊建设构想》，《东南亚南亚研究》2014 年第 1 期。

19. 孙雪岩：《阻碍东盟“增长三角区”发展的因素及对我国的启示——以马来西亚为个案》，《当代旅游》2013 年第 8 期。

20. 王士录：《东盟合作机制与合作原则改革的争论及前景》，《东南亚》2007 年第 2 期。

21. 王谷成、黎鹏：《GMS 框架下次区域经济走廊功能的演变机制研究》，《东南亚纵横》2009 年第 8 期。

22. 王燕、黄海厚：《莱茵河沿岸发展现代物流带动区域经济发展》，《港口经济》2004 年第 6 期。

23. 王磊、李建平主编《跨境经济带发展规划研究》，中山大学出版社，2012。

24. 王磊、黄晓燕、曹小曙：《区域一体化视角下跨境经济走廊形成机制与规划实践——以南崇经济带发展规划为例》，《现代城市研究》2012 年第 9 期。

25. 杨鹏：《通道经济：区域经济发展的新兴模式》，中国经济出版社，2012。

26. 杨思灵：《孟中印缅经济走廊风险分析与评估》，《南亚研究季刊》2014 年第 3 期。

27. 张蕴岭：《在理想与现实之间——我对东亚合作的研究、参与和思考》，中国社会科学出版社，2015。

28. 张家栋：《印度族群政治透视》，《世界知识》2015 年第 23 期。

29. 赵亮：《欧洲空间规划中的“走廊”概念及相关研究》，《国外城市规划》2006 年第 1 期。

30. 赵悦：《2014 年中巴经济走廊期待发展新动力》，《大陆桥视野》2014 年第 2 期。

31. 周茂权：《点轴开发理论的渊源与发展》，《经济地理》1992 年第 2 期。

32. 周加来、李刚：《区域经济发展差距：新经济地理、要素流动与经济政策》，《经济理论与经济管理》2008 年第 9 期。

33. 周振华、韩汉君：《流量经济及其理论体系》，《上海经济研究》2002 年第 1 期。

34. Charles F. J. Whebell, "Corridors: a theory of urban systems", *Annals of the Association of American Geographers*, Vol. 59, No. 1, 1969.

35. CEC, Commission of the European Communities, "The prospective development of the central and capital cities and regions", *Regional Development Studies*, No. 22, Luxembourg: Office for Official Publications of European Communities, 1996.

36. Douglass C. North, *Institutions*, *Institutional Change and Economic Performance*, Cambridge: Cambridge University Press, 1990.

37. European Commission, ESDP – European Spatial Development Perspective, "Towards Balanced and Sustainable Development

of the Territory of European Union", Luxembourg: Office for Official Publications of the European Communities, 1999.

38. Francois Perroux, "Economic Space: Theory and Applications", *Quarterly Journal of Economics*, 1950.

39. J. R. Boudeville, *Problems of Regional Economic Planning*, Edinburgh University Press, 1966.

40. Masahisa Fujita, Paul Krugman, "The new economic geography: Past, present and future", Papers Regional Science, Vol. 83, Issue 1, 2004.

41. Ronald H. Coase, "The Problem of Social Cost", *Journal of Law and Economics*, No. 3, 1960.

42. Torsten Hagerstrand, *Innovation as a Spatial Process*, Chicago University of Press, 1967.

后记

由于特殊的区位优势，区域和次区域合作多年来一直是云南大学周边外交研究中心主要的研究方向之一，形成了“关注周边，追踪热点，透视时政，服务决策”的研究特色。自2013年孟中印缅经济走廊建设和“一带一路”战略提出以来，笔者及课题组成员先后完成了《云南参与孟中印缅经济走廊建设的早期收获研究》（2013年度云南省哲学社会科学重大招标项目）、《孟中印缅经济走廊建设中“4－X”机制研究与项目选择》（2015年国家发改委委托项目）等一系列研究项目，对孟中印缅经济走廊建设的现状、面临的困境及在合作机制与合作模式上的创新展开了深入研究。本书是在这些课题研究成果的基础上完成的，主要针对当前孟中印缅经济走廊建设缺乏实质性成效，提出运用东盟“N－X”合作机制，希望以更加灵活、包容的合作模式尽快推进孟中印缅经济走廊建设。同时，从国际区域合作的早期收获经验出发，提出云南参与孟中印缅经济走廊建设的早期收获项目，为云南省委、省政府及国家有关部门提供决策参考。

本书的完成得益于课题组成员的辛苦劳动，他们是云南大学的李晨阳研究员、杨祥章博士、罗圣荣副研究员、祝湘辉副研究员等；同时，云南大学的杨先明教授、梁双陆教授、李涛副研究员，云南师范大学的金珍博士以及北京大学的邓涵博士等也为本书的完成做出了贡献，在此表示衷心的感谢。另外，在本书的撰写过程中，参考了省内外有关专家、有关单位的研究成果，并已尽可能详尽地列在文后的参考文献部分，在此一并致以诚挚的谢意。当然，由于种种原因，书中错漏在所难免，希望有关专家、学者、领导给予批评指正。

邹春萌　卢光盛

2016 年 9 月 15 日于云南大学

图书在版编目(CIP)数据

“N－X”合作机制与早期收获项目：以孟中印缅经济走廊建设为例/邹春萌，卢光盛著．--北京：社会科学文献出版社，2016.10

（云南大学周边外交研究中心智库报告）

ISBN 978－7－5097－9792－1

Ⅰ.①N… Ⅱ.①邹… ②卢… Ⅲ.①国际合作－区域经济合作－研究－孟加拉国、中国、印度、缅甸 Ⅳ.①F125.535

中国版本图书馆CIP数据核字（2016）第239186号

·云南大学周边外交研究中心智库报告·

“N－X”合作机制与早期收获项目：以孟中印缅经济走廊建设为例

著　　者／邹春萌　卢光盛

出 版 人／谢寿光

项目统筹／宋月华　杨春花

责任编辑／孙以年

出　　版／社会科学文献出版社·人文分社（010）59367215

地址：北京市北三环中路甲29号院华龙大厦　邮编：100029

网址：www.ssap.com.cn

发　　行／市场营销中心（010）59367081　59367018

印　　装／北京季蜂印刷有限公司

规　　格／开　本：787mm×1092mm　1/16

印　张：15.25　字　数：148千字

版　　次／2016年10月第1版　2016年10月第1次印刷

书　　号／ISBN 978－7－5097－9792－1

定　　价／79.00元

本书如有印装质量问题，请与读者服务中心（010－59367028）联系